# REMERCIEMENTS

à Aline pour sa patience et la pertinence de ses relectures
à Blandine pour ses conseils d'écriture
à Philippe et Pedro, mes amis et professeurs de golf
à toute l'équipe du Golf du Coudray pour son accueil

# PREFACE

Il me semble avoir bien connu Marco MARIANO, ce golfeur Essonnien évoluant également sur les greens d'Algarve lors des périodes hivernales. Comme la plupart des golfeurs, Marco a toujours souffert d'un déficit d'équilibre entre le côté gauche (normalement dominant pour un droitier) et le côté droit. Qu'importe ! qui se soucie vraiment de cette caractéristique ambidextre malgré tout si précieuse pour exercer son art avec la petite balle blanche. On joue avant tout pour se faire plaisir.

De mémoire, il me semble avoir été associé à Marco dans un match épique au Portugal, dans une formule en greensome à suspense face à une équipe locale expérimentée, où nous l'avons emporté. (Nous représentions la France quand même !) d'une courte tête au 18$^{ème}$ trou. Je dois bien avouer que c'est Marco qui porta le coup de grâce à cette vaillante équipe portugaise avec un coup d'hybride finissant à quatre mètres du drapeau ! Ce coup de génie ou coup du sort pour nos adversaires, ressembla pourtant de près à un « tue-taupes », ou pour être plus flatteur, à une balle basse comme il est opportun d'en produire en Ecosse par temps de grand vent. Le résultat était là ! nos adversaires devaient reconnaître leur défaite…Un superbe souvenir !

Par contre ce que j'ignorais à ce moment là et jusqu'à très récemment, c'est le talent de Marco pour l'écriture de nouvelles ! Et là, comme disent nos amis suisses, j'ai été très « Déçu en bien ». Autrement dit, j'ai été ravi de découvrir ses textes. Tout comme vous serez aussi, à coup sûr, enchantés de lire cet ouvrage, à la fois drôle et incisif, primé par le Grand Prix Littéraire du Golf 2023.

Je vous le recommande donc vivement, plus que les balles basses au golf de Marco, pour un plaisir de lecture de Haut-vol !

Sportivement

Philippe ROUX

Master Pro PGA France

# AMUSEMENT DIVIN

Je ne sais pas si vous êtes comme moi, mais les origines du golf me fascinent.

Il rassembla autour de lui les particules lui permettant d'agir sur la matière et modela une bille, la compressa de sa force divine. La chaleur augmenta de façon exponentielle, une lumière vive en jaillit, comme l'eau d'une éponge que l'on serre. Les quarks se regroupèrent en hadrons, protons et neutrons, ressentirent une attraction indestructible qui les lia, les électrons furent aspirés par cette brutale contrainte et se mirent à danser une ronde folle autour du noyau qui venait de se former.

L'espace-temps venait d'apparaitre. Le grand vide stable venait de se transformer en chaos indescriptible de molécules qui grossissaient en s'entrechoquant, en s'absorbant, en se repoussant brutalement. Tout ce fatras se dispersa à la vitesse de la lumière, loin de cette petite bille compressée qui n'existait déjà plus.

- Bon, ça s'est fait, pensa-t-il, maintenant la suite !

Privé de matière depuis le début de son existence éthérée, il s'embêtait un peu. Gérer un monde virtuel c'est bien beau, mais en profiter c'est mieux. Il examina les conséquences de son geste fondateur en balayant ce nouvel univers grâce à sa conscience omnipotente et y trouva les éléments qu'il pourrait utiliser pour rompre son isolement. Son attention fut attirée par de gigantesques agglutinations de molécules dont la forme ronde pouvait lui servir. Il repéra aussi quelques imperfections sombres qui aspiraient irrémédiablement tout ce qui gravitait à proximité.

- Je vais pouvoir m'en servir dans mon projet (car il en avait un), se dit-il.

Il fit un effort de concentration, ce qui était difficile en raison de la somme d'énergie qu'il venait d'utiliser.

- Ce n'est pas grave, je me reposerai après six jours de travail, décida-t-il

Il rassembla les molécules qui trainaient à sa portée après s'être échappées de la bille originelle et en fit une espèce de bâton cosmique qui lui permettrait une interaction avec la matière. Mais il faisait sombre, on n'y voyait rien, il alluma le soleil. Il put dès lors frapper la première boule à proximité, en direction de l'imperfection sombre au centre de ce qu'il appela une galaxie.

Peu rodé à ce genre d'exercice, il ne parvint pas à atteindre ce trou noir et fit un slice, qu'à présent avec l'aide des radars nous pourrions qualifier de lamentable. La boule cogna à forte vitesse une planète bleue dont un morceau se détacha pour immédiatement démarrer une révolution orbitaire. Le challenge lui parut alors plus ardu que prévu. C'était, de mémoire, son premier échec.

Il lui parut nécessaire de devoir apprendre, ce qui atteignit son égo, bien entendu. Pour réparer son erreur de frappe, il saupoudra des molécules de carbone, d'hydrogène et d'oxygène sur la planète bleue, il y ajouta des poussières cosmiques qui passaient par là, afin de faire un petit ménage avant son jour de repos.

Il s'était mis dans l'idée de fabriquer un être de chair qui pourrait peut-être lui apprendre à manier le bâton cosmique. Il fit de savants calculs, qui lui permirent de trouver l'équilibre entre la gravitation, le gaz entourant la planète et l'eau qui permettrait aux nouveaux êtres de pouvoir prendre un bain après le jeu.

Il dut malgré tout attendre un peu avant que la recette fonctionne. Les premiers êtres, ne vivaient que dans l'eau et se déplaçaient en remuant la queue, ce qui n'arrangeait pas ses affaires. Il fit le nécessaire pour qu'ils puissent sortir sur les parties émergées. Mais il se rendit vite compte que des individus à quatre pattes munies de longues queues et de têtes constellées de pics de kératine, ne pouvaient pas tenir un bâton pour frapper une boule.

Il lui vint l'idée de faire tenir ses créatures debout sur leurs pattes arrières Il eut un bref espoir quand il les vit près d'un pommier s'admirer béatement. Il décida, pour les inciter à jouer, de faire pousser un fruit arrondi, lourde erreur, ils le mangèrent. L'avantage, c'est que maintenant leur reproduction était autonome, c'est toujours du boulot en moins.

Ses créatures utilisaient leurs capacités à mauvais escient, elles se battaient beaucoup pour la domination, la reproduction et la nourriture. Son but à lui était de les faire jouer afin de les observer et d'apprendre.

A tout hasard, un lundi matin, il créa Nederland, dans une zone plate de la planète bleue. Les occupants de cette région furent formatés pour grandir un peu plus que les autres. Ça devait les rendre plus compétents pour frapper une boule avec un bâton. Après une matinée à boire un breuvage mousseux dont ils étaient friands, l'un d'eux, excédé qu'on ne le serve pas immédiatement, frappa une pomme tombée de la table avec sa canne. Le projectile tomba pile dans une jarre de breuvage mousseux. Les clients présents dans l'auberge apprécièrent ce premier *trou en un* en criant *COLF*, ce qui pour eux signifiait But, c'était aussi celui du créateur qui passa une très bonne semaine.

La noblesse locale qui n'avait que le bilboquet pour se distraire, s'empara du jeu et le fit progressivement évoluer à la grande satisfaction du créateur qui envisageait déjà de se mettre à l'entrainement.

Pour élaborer des règles strictes, il pensa d'abord au peuple franc, il renonça rapidement car ils avaient déjà du mal à appliquer leurs lois pourtant bien faites. Il eut l'illumination en faisant un tour d'horizon des évènement historiques qu'il avait provoqués, et se souvint de la perversité d'un peuple vis-à-vis de Jeanne et de Napoléon.

- c'est là-bas que les règles seront édictées et suivies, on va appeler ça le *ROYAL&ANCIENT*.

Il passa quelque temps à regarder jouer les humains avant de s'y mettre, s'essaya sur de petites météorites qui ne prenaient jamais la trajectoire escomptée. De guerre lasse, fatigué par le travail effectué, il éprouva beaucoup plus de plaisir à regarder jouer les humains, que de s'y mettre lui-même, pour notre plus grand bien, à cet amusement divin.

# PAS DE STRESS

Je ne sais pas si vous êtes comme moi ! mais je trouve qu'une partie de golf doit être un plaisir.

Arrivé au Golf de Fontainebleau, tôt par un matin d'été à la brume légère, j'ai profité d'un tarif avantageux du mois de juillet pour me faire un petit plaisir abordable. Vous ne connaissez pas le parcours de Fontainebleau ? C'est l'un des plus anciens de France. Enchâssé dans la forêt éponyme, il fleure bon le pin, les bruyères dès que la chaleur fait exhaler les différentes fragrances. Le Clubhouse, manoir bourgeois à colombages, règne sur son domaine, il impose le respect.

Sur le point de driver, je ressens la pression visuelle des rares clients matinaux, qui semblent me jauger à travers la vitre du restaurant donnant sur le départ du premier trou. En prenant mon *stance*, je remarque un petit mouvement en contrebas du départ, choc culturel !
Une casquette écossaise bleue délicatement posée sur des cheveux roux bien coupés, une barbe épousant le bas du visage comme une mousse régulière, portée par un septuagénaire à l'œil bleu joyeusement pétillant. Un colosse d'un peu moins de deux mètres habillé d'une chemisette blanche dont les petites manches aux plis impeccables dépassent d'un gilet bleu foncé uni arborant sur le cœur un discret blason doré représentant un bouclier médiéval, croisé de 2 clubs. Le bas est tout aussi élégant, un pantalon à la Payne Stewart, assorti à la casquette, resserré en bas

sur des chaussettes du même tailleur, des chaussures bleu-nuit en cuir, percées de petits trous d'aération sur le devant. Pour compléter le tableau, une demie série aux têtes usagées glissée dans un léger sac de cuir brun élimé porté à l'épaule…La Classe absolue !

Mais on s'égare, j'étais en train de vous présenter le gars qui bientôt allait changer ma vie de golfeur. Westwood, il s'appelle et me demande si par bonté je veux bien partager ma partie avec lui.

Je lui demande malicieusement s'il est le frère aîné de son illustre homonyme, mais non, lui c'est John, sujet révérencieux de Sa Gracieuse Majesté, adopté par la France, son bœuf bourguignon et ses crus de Côte Rôtie, un connaisseur. Ancien officier de l'armée britannique, installé à Fontainebleau pour surveiller le château et guetter le retour de l'empereur ajoute-t-il avec un sourire taquin.

Je souscris avec plaisir à sa proposition, jouer à deux c'est toujours mieux, pour chercher mes balles aussi, car je ne vous l'ai pas encore avoué, mon jeu est erratique, inconstant, parfois correct souvent déplorable, malgré les efforts de Monsieur Jean-Pierre Hirigoyen et de ses successeurs.

Monsieur Hirigoyen malheureusement disparu, exerçait son art dans son box, cabane en bois, sur la partie latérale droite du petit practice de Fontainebleau. La clope au bec, avec la pointe de son club, il plaçait inlassablement une nouvelle balle sur le tapis afin que l'élève appliqué mais malhabile que j'étais, puisse taper sans lever la tête, sans faire une aile de pigeon, sans casser les poignets, sans faire de *sway*, sans…bref, handicap 17 en 35 ans de golf.

Mais on s'égare encore, John est le bienvenu, bien que les

parties jouées avec les anglais n'aient pas toujours été de tout repos, souvent ponctuées de rappels à l'ordre au sujet des règles que seuls ils connaissent et maitrisent.

John me prie de démarrer la partie en qualité de Français de souche, en ayant la délicatesse de ne pas m'annoncer son handicap ni de me demander le mien, c'est pourtant lui qui range sa casquette ici, dans le vestiaire, avec son nom sur la porte encaustiquée. Un peu anxieux, je place ma balle sur un long tee, prends mon repère au loin, frappe la balle correctement, la trajectoire est bonne, de gauche à droite, en fade, j'ai le plaisir de vous annoncer que ma balle roule sur la droite du fairway et s'y arrête, environ 180 m du départ, ça c'est fait !

John m'encourage avec le pouce levé, *Nice Shot* me déclare-t-il, que je traduis « pour un français un peu vieux ce n'est pas trop mal, attendons la suite », mais peut-être est-il sincère, je suis souvent mauvaise langue avec les Anglais.

Je regarde John s'approcher des boules jaunes, planter son tee derrière celles-ci, regarder sa cible, aligner son club faire le geste de poser sa balle, c'est bizarre, je ne vois rien. Il prend son *stance*, fait un swing parfait, d'une élégance rare, un finish stable, face à la cible pendant quelques secondes.

Je n'ai pas vu le vol de sa balle et le lui annonce. C'est normal me déclare-t-il, j'ai omis de vous le dire, je joue sans balle, cela vous gêne ?

Devant ma face ahurie, il m'annonce que depuis 10 ans, après un infarctus sévère, ses médecins lui ont déconseillé de se stresser mais malgré tout de marcher. Trouvant la marche un exercice fastidieux, sans intérêt, il a décidé de faire le parcours quotidiennement mais sans balle, en se fixant des cibles, des stratégies, remettant une balle virtuelle quand il pensait qu'elle était perdue. De la même façon, sur le green il relève les *pitchs* des autres joueurs, regarde les pentes avec attention et balance son putter avec douceur, toujours content de son geste.

Totalement détendu, il observe la végétation changer au rythme des saisons, me raconte-t-il le sourire aux lèvres pendant notre promenade, attirant mon attention sur un lapin, un oiseau, une biche, un rocher de forme humaine. En jouant le parcours avec John, je découvre les dix-huit fairways sous un nouvel angle.

Après avoir ramassé ma balle dans le dernier trou et laissé John replacer le drapeau avec soin dans son logement, nous nous remercions mutuellement pour cette compagnie agréable, ravis l'un et l'autre d'avoir passé un bon moment.

La terrasse nous attend, avec ses tables blanches en fer vintage, installées sous les frondaisons, pour siroter un Chose bien frais et refaire le monde.

# PLUS D'UN TOUR
# DANS SON SAC

Je ne sais pas si vous êtes comme moi, mais je trouve que certains jours les évènements nous maltraitent.

Aujourd'hui c'est lundi, un jour gris d'hiver au ciel bas. Jacques Brel aurait prédit qu'un canard se pendrait. Arrivé au golf, je file voir la secrétaire pour m'annoncer au départ, il est 8 heures, je joue dans trente minutes avec les copains. Le sourire aux lèvres, j'entre à l'accueil, m'apprête à féliciter Ludivine pour ses boucles d'oreilles, chaque jour renouvelées. Elle tamponne ses yeux avec un kleenex et réprime des sanglots. Je m'immobilise interrogateur, elle ressent ma présence, se lève et éclate en pleurs dans mes bras.

- MAURICE EST MORT ! parvient-elle à articuler entre deux spasmes.

Maurice 93 ans, c'est l'âme du Club, membre depuis sa création il y a 70 ans. Sa partie de neuf trous quotidienne terminée, installé dans le confortable fauteuil rouge du bar, face à l'entrée, il interpellait les visiteurs par leur prénom, il connaissait tout le monde.

- Sa fille Jacqueline souhaite que tu la rappelles, me précise-t-elle.

En plus d'être son ami, j'étais son médecin de substitution lors des absences de son référent. Je suis doublement triste de sa disparition. L'émotion me submerge, j'annule ma partie auprès de Ludivine, m'excuse auprès de Romain et Joël qui viennent d'arriver. Je décide de rentrer chez moi, au calme, pour m'entretenir au téléphone avec Jacqueline, du décès de son père.

De retour à la maison désertée par mon épouse partie en randonnée, je craque une allumette sous la pyramide de petit-bois sec dans la cheminée, en réfléchissant à la subite perte de mon ami. Je vois défiler les images de nos parties communes, en particulier la joie qui l'avait envahi lors de son premier *trou en un* il y a six mois, à l'âge de 92 ans sur le *par trois des biches*. Un green en ile, posé au milieu d'une colline de rough dense en contrebas du départ.

*UNFORGETABLE* de Nat King Cole se retrouva sur la platine, chantant en sourdine. Je me décidais à appeler Jacqueline. Elle décrocha à la première sonnerie mais attendit quelques secondes avant de parler. Arrivée tôt ce matin chez son père pour le ravitailler, elle le trouva sans vie, allongé sur le lit, une enveloppe à mon nom échappée de sa main gisant à terre, à ouvrir par moi en présence de sa fille. Maurice, notaire à la retraite, avait bien sûr déjà prévu sa succession, qu'avait-il écrit ?

Quelques heures plus tard, après les formalités effectuées par un confrère permettant le transfert du corps, j'arrivais devant le portail monumental. La haute grille noire s'ouvrit à mon approche. Je m'engageais sur la grande allée et me garais devant la porte d'entrée entrebâillée où m'attendait Jacqueline, un plaid épais maintenu par ses mains croisées sur les épaules. Nous nous étreignîmes et sans un mot foulâmes les carreaux de ciment *art nouveau* qui faisaient la fierté du propriétaire. Elle m'indiqua la direction de la salle de musique et me pria de m'assoir sur l'un des fauteuils faisant face au piano. Jacqueline, fille unique, pianiste émérite, nous régalait une fois par mois d'un concert entre amis. Elle me tendit la lettre et la fine dague dont son père se servait pour ouvrir son courrier. D'un mouvement de tête amical, me pria de décacheter. Je m'exécutais, sortis un papier soigneusement plié en quatre. Je dépliais la feuille et commençais à lire la missive à haute voix.

-    Ma chère Fille, mon cher Marco, je ne suis plus. Depuis quelques jours je sais que je vais bientôt rejoindre ma chère Marguerite. J'ai décidé d'arrêter mon traitement. Je souhaite dire à toute ta petite bande d'affreux jojos golfeurs, que vous avez éclairé mes dernières années, en m'acceptant dans votre groupe. Je te remercie d'avoir corrigé ma direction au départ du *par trois des biches* et de m'avoir permis de réaliser le seul *trou en un* de ma vie. Même si tu as demandé discrètement au barman de remplacer la bouteille commandée, par un autre Champagne hors de prix ! Je regrette de ne pouvoir te rendre la monnaie de ta pièce lors de ton futur premier *trou en un* que tu attends avec impatience, mais comme tu le sais, j'ai plus d'un tour dans mon sac !

- Jacqueline, je te demande solennellement de bien vouloir répandre mes cendres sur le *par trois des biches*, accompagné de Marco, Romain et Joël, les fidèles mousquetaires. Le dernier de mes vœux, tirez moi une salve d'honneur en jouant chacun une balle du départ après y avoir entonné *CE N'EST QU'UN AU REVOIR*, prévoyez les protections de pluie car vous chantez faux.

Deux semaines ont passé. Ludivine, dans la confidence, nous a bloqué une heure de tranquillité, tôt ce matin. Nous cheminons tous les quatre avec notre équipement vers le *par trois des Biches*, Jacqueline porte discrètement l'urne, Joël tente quelques traits d'humour qui nous font juste sourire. Arrivés au *green*, nous entourons Jacqueline, chacun une main sur ses épaules, nous arpentons le gazon pour répartir les cendres de manière homogène et finissons par le trou. Nous remontons jusqu'au départ pour y chanter notre petite chanson, les corneilles nous répondent, il ne pleut pas.

Romain joue une balle, pile sur le green pour un *birdie* probable, Joël se retrouve dans le bunker de gauche. Je joue en dernier, un rayon de soleil discret apparait.

- Maurice est avec nous ! déclare Joël au moment où je prends mon *stance*.

Je recommence ma routine en lui lançant un regard de maitre d'école. Ma balle part bien droite, le contact était très doux, elle culmine, redescend frappe le green, courte du drapeau et rebondit directement dans le trou. Les amis se précipitent vers moi, me congratulent, je suis dans un éther confus.

Jacqueline me regarde l'œil humide et me chuchote à l'oreille :

- Il avait bien plus d'un tour dans son sac.

# CAMERA CACHÉE

Je ne sais pas si vous êtes comme moi, mais je trouve que les surprises ne sont pas toujours bonnes.

Éblouie par le soleil de ce deuxième dimanche de mai, Julia s'ennuie. Allongée dans son transat sur la petite terrasse de son sixième étage du sixième arrondissement. Adrien est parti jouer au golf avec trois proches collaborateurs.

Il a tellement insisté hier soir, qu'elle a fini par accepter d'aller à un vernissage alors qu'elle était crevée après une semaine éreintante. Décidément, elle n'aime pas ces sculptures de femmes longilignes constellées de paillettes ridicules qui lui rappellent qu'elle essaie vainement d'éliminer les deux derniers kilos pris lors du confinement. Bien sûr, les hommes lui jettent toujours un regard appuyé quand elle les croise, mais il va falloir penser aux vacances à la mer, une pièce ou deux ?

Cette artiste était pénible, évanescente, battant des faux cils, gloussant bruyamment à chaque boutade d'un client potentiel. Julia n'a rien d'une artiste. Diplômée du MIT, elle est chef de projet dans une Startup d'intelligence artificielle. Elle a rencontré Adrien il y a un an, lors d'une conférence sur la cybersécurité dont il est spécialiste. Deux dîners plus tard elle déposait sa brosse à dents chez lui.

Adrien, passionné de golf, ne recrute, à capacités égales, que des golfeurs. Il prétend qu'on ne connait vraiment le caractère de quelqu'un qu'après quatre heures à souffrir sur un parcours de golf.

Julia n'aime pas le golf mais, pour lui être agréable, l'accompagne parfois. La fréquentation de ces lieux l'a amenée à réfléchir sur la psychologie du golfeur, en particulier à la notion de « trou en un ». Quand le joueur a la chance de réussir cet exploit, il n'a comme spectateurs que ses partenaires. À la fin de la partie, arrivé au bar, l'heureux joueur aimerait cacher l'information et ne payer à boire qu'à ses partenaires. C'est sans compter sur la sagacité des piliers de ce temple païen, qui savent distinguer la joie du Birdie, de l'euphorie du « trou en un ». Revenu à son domicile, le joueur se connecte sur les réseaux sociaux, en décrivant son coup prodigieux comme il le peut. Ne croyez pas que la photo de la balle dans le trou suffise, on a tous déjà essayé, ça ne marche pas.

Julia a bien réfléchi et a conçu, pendant ses courtes pauses, un petit logiciel d'IA qui permet à une caméra, fixée près du green d'un « par trois » et dirigé vers le départ, de filmer les balles des joueurs, de suivre la trajectoire et d'enregistrer le coup, seulement si la balle arrive directement dans le trou. Le joueur peut alors immédiatement récupérer le fichier en flashant le code situé sur le poteau de caméra et diffuser sans attendre son exploit sur ses réseaux favoris. La caméra permet aussi à la direction du golf de surveiller, si besoin, le timing des parties.

Son Boss, Julien, lui aussi golfeur devant l'éternel, emballé par la trouvaille avait pris la décision d'installer le système la semaine précédente sur le golf habituel d'Adrien en beta test, non officiel. La directrice, séduite par l'idée et aussi probablement par le charme fou du garçon, lui avait ouvert les portes.

Célibataire, de deux ans son ainé et lui aussi issu du MIT, Julien, avait réussi à débaucher Julia de son poste de chercheuse à Saclay en lui accordant un budget recherche qu'elle n'imaginait jamais obtenir. Depuis, elle retrouvait régulièrement un bouquet de roses sur sa paillasse, entre deux écrans d'ordinateurs, il n'était jamais allé jusqu'à la couleur rouge. Déjà en couple, elle avait refusé ses discrètes propositions de dîners. Ce gars était pourtant super.

Julia s'ennuyait sur sa terrasse au soleil.

Elle prit connaissance des mails récents et des messages. Elle répondit aux deux doctorants qu'elle encadrait. Elle décida de tester le système *trou en un* installé par son Boss pendant la semaine. Fatiguée, elle n'avait pas eu le temps d'en parler à son compagnon hier soir lors du vernissage. Elle tenta de contacter Adrien pour lui demander de lui faire un coucou au trou dix-sept qu'elle surveillait mais ne parvint pas à le joindre. Comme tout golfeur respectueux, il mettait son téléphone en vibreur dans son sac quand il jouait.

Après quelques tentatives de connexion infructueuse, dues à un réseau WIFI défaillant, c'était bien la peine d'avoir un copain spécialiste en cybersécurité, elle parvint à établir la liaison avec la caméra.

Elle riait toute seule, en observant les joueurs au départ, tentant de garder leur équilibre à la fin du lancer, faisant un *air shot*, restant plantés de longues secondes devant leur balle. Le plus drôle fut celui dont le pantalon mal ceinturé descendit lors du *swing*. Elle allait couper la liaison lorsqu'elle vit Adrien arriver. Elle ne vit pas de collaborateur à ses cotés, seulement une femme.

- Cette pétasse ! ce n'est pas possible ! s'exclama-t-elle furieuse.

Elle reconnut l'artiste d'hier, jupette blanche très courte et polo rose.

-       Sans soutif en plus, grommela-t-elle, dépitée en zoomant sur sa poitrine.

Cette sculptrice de mes deux qui prit la tête d'Adrien entre ses mains et l'embrassa langoureusement.

Julia faillit jeter son portable au-dessus de la balustrade mais se reprit en soufflant longuement. Elle alla se chercher un verre de « détox » anti graisse dans le frigo et le but doucement en réfléchissant.

Prise d'une pulsion, elle fit le numéro de son Boss Julien, sur son portable, ne lui dit que quelques mots, interrompit la communication. Elle jeta sa brosse à dents dans sa valise au milieu des affaires qu'elle venait de rassembler, écrivit un mot qu'elle posa sur la commode d'entrée, sortit, referma la porte et glissa sa clef sous le paillasson.

# BALLE PERDUE

Je ne sais pas si vous êtes comme moi, mais je trouve qu'un voeu se doit d'être exaucé.

Les arbres reflètent encore pour quelques minutes les étoiles scintillantes de cette rosée de  septembre sous le soleil naissant. Les feuilles, comme lasses de leur vie éphémère, virevoltent jusqu'au sol, préparant des abris où nos balles vont bientôt trouver refuge.
Pris d'une envie irrépressible  d'utiliser cette série qu'il vient de s'offrir pour son anniversaire, Adrien s'est réservé un départ matinal, hier soir sur son application. Il a ajouté son nom à celui d'une joueuse qu'il ne connait pas encore, Lucie.

Pris dans un maelström de problèmes personnels depuis quelques mois, il a besoin de lâcher prise . Il y a six mois, Julia, sa compagne, le quittait sur un malentendu déplorable, suite à leur invitation par une artiste, au vernissage de son exposition.

Une célèbre sculptrice, avait demandé à la startup d'Adrien d'installer l'équipement de sécurité de sa nouvelle galerie. Ils en avaient longuement étudié les options, les réunions s'étaient multipliées et Johanna lui avait manifesté un intérêt croissant. Sensible aux charmes latins de cette brésilienne célèbre, il avait accepté quelques réunions de travail tardives dans l'atelier loft de cette jeune femme célibataire.
Il avait même dû, malgré lui, y rester une nuit lorsque une tempête épouvantable s'était déclenchée et l'avait découragé de reprendre son véhicule, Johanna ayant décrété que le danger de prendre la route à cette heure

tardive était trop important. Julia ne devant rentrer que quelques jours plus tard d'une réunion à l'étranger, il ne lui manquerait pas. Johanna ayant une peur bleue de l'orage, il fit preuve d'un comportement de gentleman en acceptant de la rassurer en dormant près d'elle. Il ne pouvait évidemment pas imaginer que celle-ci lui proposerait de la rassurer les nuits suivantes, que les sites météo prévoyaient agitées.

C'est ainsi que, Julia rentrée de mission, il lui proposa d'assister au vernissage de Johanna. Lors des présentations, il remarqua bien l'hostilité évidente de Julia à l'encontre de l'artiste. Le lendemain, dimanche, il avait prévu de jouer avec ses proches collaborateurs sur son terrain habituel mais Johanna lui avait plutôt suggéré qu'ils jouassent ensemble pour affiner le dispositif de surveillance de la galerie. Il accepta cette proposition pour le bien de sa société, il faut savoir être à l'écoute de ses clients.

Johanna, très bonne joueuse lui prodigua moult conseils, et en latine qu'elle était, l'encourageait par des baisers et des caresses, il parait que les brésiliennes sont communes de ce genre de comportement.

La partie terminée, au bar, la directrice se joignit à eux et leur annonça que Julien, le PDG de la société où Julia était chercheuse, avait installé un dispositif « trou en un » qui permettait de mémoriser et de diffuser sur les réseaux l'exploit du joueur. Adrien consulta son portable et pris connaissance des messages de Julia, lui demandant de faire un coucou au passage du dix sept. Elle ne l'avait pas informé de ce dispositif lors de son retour, hier, avant d'aller au vernissage. Le surveillait-elle ? Mais bon, il était quasi en réunion clientèle, non?

Refusant l'invitation de Johanna, d'aller prendre un verre chez elle, il était rentré à l'appartement qu'il avait retrouvé vide. Un papier sur la desserte d'entrée, l'invitait à récupérer sa clé sous le paillasson et de cliquer sur un lien HTTP qu'elle lui avait envoyé sur son portable. C'est ainsi qu'il se vit embrasser Johanna à pleine bouche sur le départ du dix sept. Il y vit une séquence d'espionnage manifeste et trouva cette attitude pas très fairplay. Le soir même il aidait Johanna à lutter contre ses peurs nocturnes.

Ce matin, dégagé de toute obligation matrimoniale, Johanna étant occupée à terminer une oeuvre, il se présentait au départ. Il fit la connaissance de Lucie, une brune un peu gothique, élancée toute vêtue de noir, pantalon et fine polaire. La partie leur permit d'échanger à propos du golf et des choses de la vie. Lucie se dit en mission pour une association planétaire oeuvrant pour la protection des femmes maltraitées. Il ignorait son existence, posa de nombreuses questions et déclara péremptoire qu'il voulait bien être rayé du monde des vivants s'il avait un jour fait du tort à une femme, c'était un gentleman.

Arrivé au départ du dix septième trou, une question vint à l'esprit d'Adrien:

    - je ne me souviens plus de votre nom, j'ai simplement vu Lucie sur la réservation, hier soir.

    - Fair…Lucie Fair.

Une détonation se fit entendre, une balle lui traversa le coeur,

    - un chasseur sans doute!

 eut-il le temps d'entendre de la bouche de Lucie, dont le corps et l'existence disparurent dès qu'Adrien fut à terre dans une mare sanglante.

# CACA BOUDIN

Je ne sais pas si vous êtes comme moi, mais le golf me détend.

C'est un chaud dimanche d'été, les juilletistes sont partis hier, mes partenaires avec eux. Je suis un aoutien convaincu, j'aime croiser ceux qui reviennent. Les premières parties de golf de juillet sont souvent l'occasion de belles rencontres. J'ai réservé un départ à 10 heures, pour flemmarder un peu au lit. En temps ordinaire, avec mon équipe nous jouons à 8 heures pétantes.

Le parking clients n'est occupé que par des véhicules inconnus. Eglantine, la secrétaire, m'a précisé que je jouerai avec Jean-Charles, un nouveau membre que je ne connais pas encore, handicap neuf. Je vais devoir m'accrocher avec mon niveau dix-sept, dans les bons jours.

Quand j'arrive au départ, j'aperçois un jeune couple avec une enfant en bas âge et un sac sur un chariot HiTec. Jean-Charles, un colosse brun, me présente Anaïs, son épouse, grande blonde un peu coincée et Clotilde, une mignonne blondinette de 5 ans au visage boudeur, qui nous accompagneront. Je ne me réjouis pas de pratiquer le golf avec un enfant dans ma partie mais les deux suiveuses retrouveront peut-être mes balles égarées.

Des boules blanches, Jean-Charles balance un drive au milieu de la piste, au-delà de mes limites habituelles. C'est bien, je vais prendre un cours gratuit. Je pars m'installer entre mes boules jaunes.

Je prends mon *stance* et à la fin du *backswing* entends CACA BOUDIN. J'interrompt ma routine, me retourne pour voir la petite me tirer la langue. La mère ébauche un sourire ravi à sa fille, le père ne réagit pas. Je reprends mon mouvement et parviens à jouer un beau drive qui stoppe aux 135 m sur le côté droit du fairway, loin derrière celle de Jean-Charles. Clothilde colle son père qui lui caresse tendrement les cheveux tandis que nous cheminons vers ma balle.

Arrivé à destination, je visualise ma direction et m'installe pour jouer mon deuxième coup. La fin de mon backswing, est de nouveau accompagnée d'un CACA BOUDIN. Je reprends mon *stance*, les parents regardent le vol des canards qui passent au-dessus de nos têtes. Ce n'est pas que je haïsse les enfants, la responsabilité de leur comportement incombe aux parents qui manquent parfois quelque chose dans leur éducation. Cette famille commence à gâcher ma partie. Jean-Charles va devoir se trouver un autre groupe de partenaires. Les copains risquent d'être plus vindicatifs que moi. Mon jeu reste correct malgré ces perturbations, je décide de ne pas m'arrêter à mi-parcours. Tous mes coups sont ponctués d'un CACA BOUDIN, ignoré des parents.

Le quatorze est un par cinq, traversant une partie de forêt où pourrissent quelques arbres abattus, terrain de jeu de Youp et Laboum, les adorables Dogues allemands du domaine. Clotilde voit deux écureuils qui se poursuivent autour d'un tronc, elle lâche la main de sa mère et les suit en courant sous les yeux énamourés de ses géniteurs qui la laissent partir. Emportée par sa course folle, elle se prend les pieds dans les branchages et chute vers l'avant à quelques mètres de moi, s'étalant de tout son long dans le haut *rough*. Je cours lui porter secours alors qu'elle débute

MARCO MARIANO

une crise de nerfs. Sur le point de la relever, je m'aperçois qu'elle est couverte d'étrons laissés probablement par les Dogues. Sa robe rose à dentelles et son chemisier blanc, jadis immaculés dégoulinent de substance malodorante, son visage est devenu brun chocolat. En l'absence de danger immédiat, je décide de laisser ses parents s'occuper d'elle.

Avant qu'ils n'arrivent, j'ai le temps de lui glisser CACA BOUDIN à l'oreille.

# LES BOULES ROUGES

Je ne sais pas si vous êtes comme moi, mais je pense qu'une partie de golf est toujours une aventure.

A la fin de notre *quatre-balles* du samedi, nous rejoignons le bar. Le patron nous sert bien, cacahuètes salées avec la peau rouge dessus, chips maison au gingembre et pintes fraîches sans faux-col, c'est alors le temps de la détente et des confidences.

On m'appelle *Œil de Lynx* car je retrouve les balles, Marco dans la vie. Joël, c'est *Popeye*, il a été champion de lancer du marteau, il déteste les épinards. Romain c'est *Lao Tseu*, l'intello de la bande. On est toubibs. Jean-Bernard, *JB* pour les intimes, contrairement à nous, a réussi, il était ingénieur à E.D.F. Par ces temps difficiles il est à l'aise, électricité gratuite, on le surnomme *Kilowattheure*.

L'équipe est au complet ce samedi, l'épouse de Joël garde ses petits-enfants, celle de Romain fait un stage de piano. La compagne de JB récolte des dons pour nos amies les bêtes. Mon épouse remplit notre déclaration d'impôts, j'ai effectué un repli stratégique.

Nous avons monopolisé le coin-canapé le plus éloigné du bar, afin de ne pas déranger avec nos gloussements potaches. Dès la fin de son verre d'eau pétillante, JB qui se tortillait dans son fauteuil, annonce qu'il doit nous avouer quelque chose, le silence se fait alors autour de la table basse.

L'été dernier, il prit la direction de son mas provençal dans sa rutilante Tesla. Seul pour quelques jours, il était bien décidé à travailler son golf.

Pour remettre son swing en ordre, il s'était inscrit au stage de perfectionnement d'un golf près de chez lui où il ne connaissait encore personne. La pratique, sur le parcours le matin à la fraîche, et la théorie en salle de cours climatisée après le déjeuner.

Il faut vous dire que JB est plutôt bien conservé, mince, musclé, bronzé toute l'année. Il a évidemment un appareil à UVA énergivore et est adepte du VTT. C'est un récent sexagénaire qui en fait dix de moins. Il peut être en forme ! son employeur l'a libéré il y a près de 3 ans. Plus jeune, lors d'une intervention professionnelle, il était monté sur un poteau électrique pour se sauver d'un chien qui le coursait dans un champ. Il a ainsi été catégorisé *carrière à risque*, avec retraite anticipée. Enfin bref, vous avez compris que, si c'était à refaire, j'irais traiter mon vertige pour grimper aux poteaux.

Mais je m'égare, JB nous doit une révélation. Romain l'arrête, déclare qu'il fait soif et se recommande une pinte fraîche sans faux-col. Nous nous enfonçons dans nos confortables coussins, tout ouïe. Au stage, il se retrouve en binôme avec Paula, une brunette sud-américaine, la quarantaine, un peu réservée, jupette rose, polo blanc moulant, Joël le coupe :

- Ce qu'il faut où il faut quoi !

Nous souriions tous, sauf JB un peu gêné. Lors des trois premiers jours, ils arpentent les fairways accompagnés de leur pro. A la fin de la troisième matinée, le pro annonce qu'il devra assurer un autre enseignement le lendemain, il les laissera seuls répéter leurs gammes le quatrième jour. Vous n'êtes pas né de la dernière pluie et vos neurones commencent déjà à cuisiner les ingrédients d'un vaudeville, beau gars, jolie brunette, exotisme...vous êtes vraiment tous les mêmes ! Ils ont simplement la même passion : le golf. Mes deux filles auraient eu un regard dépité en levant les yeux au ciel.

Le quatrième jour, ils se présentèrent au départ de leur premier trou. L'air embaumait déjà, le soleil implacable cuisait la végétation, du corps des deux joueurs perlait une sueur salée, leur faisant rechercher l'ombre des grands arbres.

La balle de Paula s'échappa de sa face de club, encore un peu ouverte et finit en gros slice dans les broussailles. En homme de qualité, JB se dirigea vers les arbustes de droite pour aider sa malheureuse partenaire. Il fouillait les buissons, se baissait pour examiner les trous d'animaux fouisseurs dans l'espoir de retrouver cette balle malicieuse. Il ne vit point de balle mais un triangle de dentelle sous la jupette relevée de Paula qui, penchée, fouillait le sol devant lui.

Tournant à ce moment la tête de côté, elle surprit le visage troublé écarlate de son partenaire et lui sourit. Ce qui se passa ensuite n'est pas encore clair dans la tête de JB, un gars sérieux, sans incartade. À y réfléchir un peu scientifiquement, on peut imaginer qu'un afflux de sérotonine explosa dans son cerveau, provoquant une sécrétion brutale de testostérone avec la conséquence que l'on connait.

Romain lui dit qu'il comprenait très bien ce qui s'était passé, ce que nous confirmâmes, Joël et moi.

Nous nous apprêtions à lui donner l'absolution et reprendre une autre pinte quand il nous arrêta et annonça que l'histoire ne finissait pas là.

Les deux golfeurs s'explorent donc mutuellement dans les fourrés. Brutalement, JB subit un électrochoc lorsque sa main touche le petit sous-vêtement en dentelle, le contact se précisant, il se rend compte qu'il caresse un membre viril dans le même état que le sien. Sa main se retire vivement, il tombe à la renverse et n'arrive à articuler que :

-       Et depuis quatre jours tu pars des boules rouges !

Autant vous dire que l'éclat de rire commun des 3 compères, devant la mine défaite de JB, fit se retourner la totalité du bar. Le patron alerté par notre état d'hilarité nous apporta d'autorité la bouteille *tête de mort* où macère de manière permanente et renouvelée le rhum arrangé de la maison.

# TEMPS DE CHIEN

Je ne sais pas si vous êtes comme moi, mais j'aime les chiens.

J'attends devant la porte que Stéphane termine son petit déjeuner. Il est temps d'y aller mais le dimanche il n'est jamais pressé. Il compose des musiques de films avec l'air d'être toujours un peu dans la lune. Il se lève souvent en pleine nuit pour griffonner une partition, sifflote, recale la musique avec les images puis revient se coucher. Je me pelotonne alors contre lui et me rendors, rassuré.

Je me souviens du jour où Sophie et lui étaient venus me chercher. Nous étions quatre chez tante Léa. Elle ne pouvait pas nous garder tous. J'ai été placé confortablement à l'arrière sur un plaid qui sentait le mouton, vite endormi, bercé par le ronronnement du moteur, je me suis réveillé sur un petit tapis à côté d'un feu de bois crépitant. Un soir Sophie n'est pas rentrée, Stéphane m'a dit que c'était mieux ainsi.

Au fait, je ne me suis pas encore présenté, je m'appelle Ralph, c'était une année en « R », je suis un Cavalier King-Charles, feu et blanc.

Nous adorons le golf, Stéphane et moi. Il tape des balles avec une sorte de bâton, moi je cours dans ce grand jardin et hume tous les effluves qui me provoquent des picotements dans la truffe. Le plus agréable c'est quand je perçois le parfum de Ryana, une King Charles de mon âge. Elle a du chien avec sa tache blanche sur le front et sa robe noire. Elle est un peu « chienneuse », je crois que c'est l'expression que les humains emploient, traduction de « bêcheuse » par le Royal et Canin. Elle ne semble jamais me voir quand Stéphane et moi la croisons, tenue en laisse par Julie, sa maitresse. Lorsque nous les rencontrons, le cœur de Stéphane se met à battre fort et je renifle des bouffées de phéromones de bonheur.

Elles jouent aussi au golf mais avec d'autres partenaires, en particulier ce Chihuahua extrêmement désagréable, souvent revêtu de ce manteau écossais ridicule. Je suis certain de ne pas lui être indifférent car samedi dernier elle s'est retournée, surprenant mon coup d'œil discret sur son arrière train. Elle se promène en laisse, s'assoie quand sa maitresse s'aligne entre les boules rouges. Moi, je ne supporte pas d'être attaché, Stéphane me décroche dès que nous nous éloignons du clubhouse. Je sais qu'il ne faut pas attraper la balle que les joueurs lancent. Mais c'est très dur de se maitriser, une fois j'ai pris la balle de Stéphane avant qu'elle n'entre dans le trou pour ne pas qu'il la perde. Qu'est ce que ça veut dire « abruti » ?

Nous jouons aujourd'hui avec deux amis de Stéphane, musiciens comme lui. Ils ne sont pas désagréables mais ont l'inconvénient de sentir le chat. Ils ne m'invitent pas chez eux quand Stéphane y est convié, je pense qu'ils ne me font pas confiance depuis que j'ai couru après un chat qui n'était pas membre du club. Ces soirs-là, Stéphane installe ma gamelle devant la boite à images allumée pour que je puisse regarder ma série préférée sur les familles nombreuses avec de gros chiens blancs tachés de noir.

J'ai salué d'un jappement discret Ryana ce matin au clubhouse, elle était en grande discussion avec Sultan, le gros Mastiff tibétain du golf. Un vrai gourou qui exhorte mes condisciples à ne plus manger de viande, seulement des croquettes, c'est bon la viande. Il ne s'intéresse pas à Ryana, je l'ai vu renifler le derrière du Chihuahua, quelle époque vivons-nous !

Il a plu cette nuit , exhalant des odeurs musquées, de lièvre, tiens un sanglier est passé par ici, on entend des coups de fusils, j'espère qu'il est bien caché. Je débusque un faisan, une bague à la patte, probablement en couple, il s'envole au moment  où je referme la gueule sur son panache arrière, me laissant une plume entre les dents, Stéphane les garde pour la pêche à la mouche. Je cours à toute allure poursuivant la balle de Stéphane, plus puissante que les autres. Je suis fier de lui et lui aboie mes félicitations en manquant de perdre ma plume. Il barre sa bouche avec un doigt m'intimant l'ordre de rester discret. Je m'assieds, il me fait signe de le suivre.

Un courant d'air floral me passe sous le museau, c'est le parfum de Ryana, celui qui me fait frissonner. J'entends une plainte dans les bois à ma droite. Je l'aperçois, affolée, sa laisse coincée dans un arbuste du sous-bois. Sa maitresse l'appelle au loin mais la forêt est dense ici, elle ne va pas la voir. Le Chihuahua demande ce qui se passe. C'est vraiment bête un Chihuahua.

Ni une ni deux, je dépose une petite goutte de repérage au pied d'un arbre puis cours chercher Stéphane, lâche ma plume, lui attrape le bas de pantalon pour qu'il me suive, ventre à terre, oreilles au vent, je retourne vers mon marquage, suivi de Stéphane. Ryana prise de panique, s'est entortillé la laisse autour du cou, l'empêchant à présent d'émettre le moindre son.

Stéphane la libère avec difficulté, elle se débat puis reprend son souffle à moitié asphyxiée. Elle se laisse porter par

Stéphane qui l'emmène vers Julie. Je les accompagne, queue en oriflamme et tête haute.

Julie se précipite vers Ryana qui lui avait échappé pour courser un écureuil nous annonce-t-elle. Elle enlève sa chienne des bras de Stéphane, la laisse s'emmêle, et déséquilibrée, Julie            tombe sur Stéphane lèvres contre lèvres. Je ressens  un feu d'artifice de phéromones se dégager des deux protagonistes qui restent collés l'un à l'autre, le temps de retrouver leur équilibre. Leur visage est de couleur pivoine. Ryana saute à terre, me dévisage, sa queue frétille elle me lèche le museau.

Nous nous retrouvons le soir même chez Julie et Ryana . Une table ronde est dressée pour deux convives éclairée par un chandelier d'argent à 3 branches. Une grosse gamelle de pâtes encore fumantes nous attend  Ryana et moi, posée sur le tapis devant la boite à images. Nous passons ainsi notre  première soirée ensemble à essayer d'imiter deux de nos congénères qui, dans la boite a images, mangent des spaghettis sur un air de mandoline.

MARCO MARIANO

# LEÇON DE GOLF

Je ne sais pas si vous êtes comme moi, mais au cours d'une partie j'ai parfois besoin d'excuses.

C'est aujourd'hui jeudi, jour de golf pour nous les 4 toubibs, Joël, Damien, Pedro et moi Marco. Nous avons laissé nos patients aux bons soins de la nouvelle génération qui nous remplace une fois par semaine pour apprendre le métier et mettre du beurre dans les épinards. Nous travaillons tous comme des forcenés. Pour bien vous soigner, laissez-nous cette journée, par pitié.

Au départ du premier trou du Coudray, un « par quatre » en « dogleg gauche » on a envie d'attaquer au driver, mais c'est risqué. Si le " draw" est trop marqué c'est hors limites, si la balle " slice" un peu, la haie de droite nous la happe. Joël, notre Hcp 10, décide de prendre un bois 3. Il ferme toujours beaucoup sa face de club à l'adresse et parvient en général à frapper la balle droite et très loin, nous ne sommes toujours pas parvenus à comprendre les lois de la physique qui lui permettent de réaliser cet exploit. Cette fois, sa balle effectue un gros « hook » qui se retrouve hors limite dans le jardin de la maison de gauche. Il râle contre son « grip » qu'il n'a pas eu le temps de remplacer, il remettra une autre balle.

Au trou numéro deux, nos quatre « drives » ont atterri sur ce diabolique « fairway » en pente gauche. Je suis le plus court, un peu trop à droite, près des arbres, les branches basses gênent l'exécution de mon deuxième coup. J'ai encore cent cinquante mètres pour atteindre le drapeau et décide d'utiliser un «fer quatre » tenu court en plaçant ma balle près de mon pied droit. La balle sort trop haute en élaguant une branche qui tombe. Un écureuil qui sautait m'a gêné, j'en informe mes partenaires qui font la sourde oreille. Pour leur deuxième coup, Damien joue dans le « bunker » de droite, Pedro est sur le « green » à 3 mètres du drapeau, Joël dans le bunker de gauche avec moi, il explique que la température un peu fraiche ce matin freine nos balles, le groupe approuve.

Le départ du « par trois » suivant surplombe un « green » entouré de « bunkers » avec une belle pente de « rough » à droite. Pedro imperturbable joue le centre du « green », sa balle s'y bloque, un joli coup salué par trois pouces levés. Damien s'aligne et fait un mouvement brutal qui lui fait glisser le pied gauche, sa balle est « slicée » et finit en contrebas du « green » à droite, il en rigole et remplacera ses « spikes » avant la prochaine partie. Je joue dans le « bunker » de gauche en pestant contre le vent qui a rabattu ma balle. Joël se retrouve dans le « bunker » droit.

Après que Pedro ait mis en jeu sa balle, droit devant, au départ du quatre, je m'aligne et démarre mon mouvement, ma balle part en direction de la station spatiale internationale. Je me tourne vers Pedro et Damien qui chuchotaient et leur précise que le but d'une partie de golf n'est pas de parler de ses patients, je les ai bien entendus. Ils me permettent de remettre une balle, ce que je refuse, pas de Muligan après le premier départ. Ils se regardent en secouant leur main droite. Non je ne suis pas nerveux, j'ai simplement été gêné. Il faut du respect dans la partie. Ma balle est retrouvée par les copains sous une feuille. Je finis le trou en huit sur ce « par cinq ».

Le « fairway » du « sept » se déroule devant nous, rectiligne jusqu'au « green » mais en légère pente de gauche à droite. Mes trois partenaires lancent leurs balles sur le « fairway ». J'envoie ma balle dans les arbres de droite. Damien se tenait dans mon champ de vision lors de mon « backswing », je le lui dis. Il me répond qu'il se postera devant moi au prochain départ, les deux autres m'assurent qu'ils en feront autant.

Au dixième trou, j'ai l'honneur et m'aligne pour ce « par quatre » en montée avec léger « dogleg » gauche sur la fin. Mes partenaires se tiennent devant moi, comme promis depuis le « sept ». En tournant pour frapper la balle je les vois rigoler, cette distraction me fait réaliser un « air shoot » d'anthologie. je me tourne vers eux, qui me lancent un regard interrogateur.

-On-a-fait-quoi-cette-fois?
-Vous rigolez pendant que je joue, voilà!
Ils prennent une mine contrite et s'en vont retrouver leurs balles respectives après que j'ai joué la mienne à cent mètres du départ.

Nos putts entrés, Joël vient vers moi et me dit:
     - Ecoute Marco, nous sommes un peu fatigués, on arrête là, tu nous retrouvera au Club House pour déjeuner, on te laisse continuer seul.

En se lançant des blagues, ils prennent le chemin du Club House tout proche et me laissent en plan. Je termine mon parcours en ruminant sur mon swing, sur les amis lâcheurs et le reste du monde.

Après le nettoyage de mon matériel et son rangement dans mon casier, j'entre dans le Club House, Philippe le pro du golf vient vers moi pour me tendre un papier.

     - Salut Marco, tes copains se sont cotisés et te payent une leçon avec moi, à 15 heures après le déjeuner, ils prennent une bière au bar et t'attendent pour manger.

# DRESS CODE

Je ne sais pas si vous êtes comme moi, mais je pense que golf rime avec élégance.

Lundi matin d'été, l'air est encore frais après le gros orage qui a touché la région hier soir. Les forces de l'ordre et les pompiers sont encore en opération.

Par chance, ma maison et mon petit jardin ont échappé aux intempéries. Sur mon trajet vers le golf, je découvre l'étendue des dégâts. Des tôles et des objets scintillants jonchent le sol, telle une route décorée par Paco Rabanne. Premier client à me garer sur le parking, les deux autres voitures appartiennent au directeur et à la secrétaire.

On entend des rugissements de tronçonneuses provenant du terrain. Des branches de toutes tailles parsèment le chemin qui mène au Clubhouse. J'en pousse difficilement la porte, elle aussi manifestement abîmée par la tempête.

Dans la partie boutique, le directeur et la secrétaire, mains sur les hanches, regardent hébétés un pêle-mêle de cartons au lieu et place des piles habituellement bien ordonnées. Ils relèvent une tête désolée en percevant ma présence.

-    Sacrée tornade, leur dis-je !

-    Ah Marco, tu tombes bien ! me dit Jérôme, le directeur, le terrain est dangereux, le *Greenkeeper* gère les opérations avec ses gars, le golf est fermé, mais ici on a été cambriolés. L'alarme a sonné chez moi cette nuit grâce à la connexion satellite, mais la ligne caméra a été coupée. Je n'ai pas pu arriver avant ce matin, les deux routes qui mènent ici étaient barrées par les autorités, qui m'ont sommé de rentrer chez moi et de ne revenir que ce matin en raison du danger de chutes d'arbres.

Ça explique les cartons en vrac !

Je me retrousse les manches et commence à leur prêter main forte pour ranger ce fatras. Les autres golfeurs sont restés sous la couette ou réparent leurs propres dégâts. La boutique reprend son aspect habituel après une heure d'effort. Des sacs ont disparu, probablement remplis des clubs les plus récents qui manquent aux râteliers. Le rayon vêtements est dévalisé.

- Tiens, Marco, ils ont laissé la boite du maillot que tu as gagné samedi à la compétition et oublié en partant. Je l'avais rangée derrière le comptoir.

Il me tend une boite plate en carton avec mon nom stabiloté en grosses lettres fluo.

- Elle est encore fermée par le collant de sécurité, ils ne l'ont pas vue. Tu as de la chance, c'est une série limitée réalisée pour notre grand prix de samedi, il n'y en a pas d'autres en région parisienne, le logo est très spécial.

D'un naturel curieux, j'ouvre la boite malgré les circonstances et découvre un maillot bleu-roi à manches courtes, de très bonne facture, couvert de petit logos de la marque brodés en relief.

- Tu remarques la qualité ? me précise Jérôme, fabriqués en Bretagne. Ils en ont volé cent ! ça vaut une blinde. On ne les a pas encore mis en vente. Un test pour la marque qui voudrait créer un nouveau *Dress Code,* bon, l'assurance va prendre tout ça en charge, je te laisse car je dois la contacter pour le constat.

Le plus gros du rangement étant fait, je ne suis plus d'aucune utilité, je les salue et décide de rentrer à la maison, mon cadeau sous le bras.

Le golf étant impraticable pendant plusieurs jours, je me résigne à tenter ma chance pour le lendemain sur un autre terrain, plus éloigné, où j'ai aussi mes habitudes. Peu arboré, c'est un des seuls de la région à ne pas avoir été touché par les intempéries.

Le lendemain, Joël me rejoint à huit heures en première partie, les autres copains coupent du bois pour l'hiver prochain. Nous sommes chanceux de n'avoir subi aucun dégât et décidons d'aller les aider cet après-midi. Joël, esthète, me félicite de suite pour mon élégance, bermuda bleu-nuit contrastant avec mon nouveau maillot bleu roi dont je lui vante la rareté.

La partie n'est consacrée qu'aux commentaires sur la tempête et le cambriolage du club. Après rangement de nos affaires dans nos coffres respectifs à la fin de notre jeu, nous décidons de manger sur place pour attaquer, le ventre plein, le tronçonnage chez nos amis. Le restaurant n'est pas complet. Les joueurs locaux ont tous les mêmes problèmes de bûcheronnage.

Le menu en main devant ses yeux, Joël l'étudie d'une manière inhabituelle. Normalement prompt à choisir la côte de bœuf accompagnée de ses frites, il lève la carte, la baisse. Je lui demande s'il a des problèmes de vision.

-       Non, pas de problème visuel, mais, ne te retourne pas, car je distingue très bien les motifs du maillot d'un gars qui nous tourne le dos, au fond de la salle, faisant face à une fille. Tu m'as bien dit que ce vêtement n'était pas encore vendu dans le coin ? eh bien c'est le même que le tien mais en blanc.

J'opine du chef, conscient de ce que mon ami vient de dire, sors mon téléphone discrètement et mets Jérôme, le directeur cambriolé, au courant de la situation. Il me répond qu'il contacte Georges, inspecteur de police et membre de notre golf.

Maillot blanc entame son dessert quand trois hommes vêtus de noir, brassard de police orange au bras gauche pénètrent dans la salle de restaurant, observent les clients attablés et se dirigent vers le couple du fond. Après quelques échanges verbaux qui semblent concerner le maillot, ils leur commandent de se lever pour les accompagner sous les protestations de la jeune fille. Jérôme et Georges qui viennent d'arriver, se joignent au groupe de police en nous priant discrètement de rester à nos places.

Dans l'après-midi, Georges m'appelle pour nous féliciter. Nous avons permis le démantèlement d'une bande de malfrats qui écument la région depuis quelques semaines. Ils ont profité du chaos nocturne pour piller plusieurs commerces et sont venus essayer de fourguer leur butin, en partie retrouvé dans leur coffre de voiture.

*DRESS CODE* quand tu nous tiens.

MARCO MARIANO

# DE TOUTES PIÈCES

Je ne sais pas si vous êtes comme moi, mais je pense que les copains doivent s'entraider.

Nous jouons chaque jeudi matin au golf du Coudray, à équidistance de nos quatre domiciles. Nos cabinets médicaux tournent avec nos remplaçants un jour par semaine.

Depuis une année, Emmanuel, un grand costaud timide à la tignasse blonde rebelle, affiche une mine de déterré. Son divorce a été houleux, il n'a pas encore de progéniture. Son épouse ne supportait plus ses retours tardifs à la maison, où il avalait son diner puis se couchait pour repartir tôt le lendemain matin. C'est notre lot de toubibs quadragénaires.

L'équipe est présente au départ ce matin, Emmanuel, Damien, Jean-Robert et moi, Marco pour vous servir.
Pour notre partie de la semaine dernière, Virginie la secrétaire du club nous avait avertis que nous jouerions avec une nouvelle membre en l'absence de Damien qui était parti suivre une formation continue. Nous acceptons volontiers de jouer avec d'autres joueurs pour compléter notre équipe. Emmanuel aurait préféré que nous restions entre nous pour s'épancher.

Nous trouvâmes une grande et jolie femme blonde, attendant au départ du premier trou. Olga partait des boules bleues, elle ferait équipe avec Emmanuel pour notre « quatre balles» du jour. Pendant la partie, nous remarquâmes la bonne entente entre les deux nouveaux partenaires. Elle nous quitta rapidement après le dernier « putt » pour retrouver l'avocat qui s'occupait de son divorce.

Devant un demi bien frais, Emmanuel nous parla beaucoup d'Olga, qui l'avait apparemment subjugué. Nous lui fîmes amicalement remarquer qu'ils pourraient unir leurs solitudes, il nous répondit que la rencontre était trop récente pour en tirer une quelconque décision. Jean-Robert, taquin comme à l'habitude, entonna la célèbre chanson « Allo! Olga » de Pierre Perret et lui demanda si elle venait aussi du Nebraska. Elle arrivait de Limoges pour refaire sa vie, accompagnée de sa fille de 15 ans.

Ce jeudi, je joue en équipe avec Emmanuel. En attendant notre tour au dixième trou, je l'interroge discrètement pour savoir s'il a des nouvelles de sa partenaire de la semaine précédente. Assez réservé par nature, il n'a pas osé lui demander son 06.

Damien, absent la semaine dernière, est curieux de la connaître et nous extorque par de multiples questions une description précise. Olga fait partie de nos conversations. Emmanuel reste mutique à son sujet. Nous terminons la partie et après avoir rangé notre matériel, prenons le chemin du restaurant.

En nous dirigeant vers notre grande table habituelle, nous avons la surprise d'apercevoir Olga assise à une petite table bistrot accompagnée d'une adolescente qu'elle nous présente comme sa fille Cindy, portrait craché de sa mère. Nous les invitons à manger en notre compagnie. Olga accepte avec empressement, demandant à sa fille boudeuse de se déplacer et de ranger son portable.

Nous distribuons astucieusement les places afin que le large Emmanuel se retrouve épaule contre épaule à côté de notre nouvelle connaissance, la jeune Cindy s'exile en bout de table, portable greffé dans la main.
La conversation va bon train, des rires fusent pendant le repas. Damien fait des signes de sioux à Emmanuel afin qu'il n'oublie pas, cette fois, de s'enquérir du téléphone de la belle, mais la présence de l'ado le tétanise manifestement, il est mal à l'aise.

Jean-Robert me lançant un clin d'oeil discret, demande à Olga si elle dispose d'un moment dans la semaine pour résoudre un problème récurent d'ordinateur qu'il a au cabinet, elle vient de nous parler avec passion de son métier d'ingénieur informatique. Consultant son agenda, elle lui donne une heure de rendez-vous téléphonique dans la soirée. Jean-Robert note son numéro soigneusement en répétant les chiffres, comme un demeuré et m'adresse un coup d'oeil complice. Cindy, replongée dans les réseaux sociaux n'a rien remarqué du jeu subtil qui se trame autour de sa ravissante maman.

Le lendemain matin, ma secrétaire m'interrompt en pleine consultation, pour me demander si j'accepte de parler au Docteur J.R., surnom dont nous avons affublé Jean-Robert. Il m'annonce que « le vers est dans le fruit » et qu'en plus Olga a réparé son informatique hier soir, avec une facilité déconcertante. Nous en saurons plus jeudi.
Le jeudi suivant, Damien, Jean-Robert et moi sortons le matériel de nos véhicules. Jean-Robert vient de nous annoncer qu'Emmanuel a un empêchement et ne peut pas

jouer avec nous aujourd'hui. Le portable vibre dans ma poche, le nom d'Emmanuel s'affiche, je le mets en haut parleur:

- J.R. m'a appelé hier soir pour me dire que vous aviez, tous les trois, un séminaire incontournable aujourd'hui.

- vous ne m'en aviez pas parlé. Dans le même temps Olga m'a adressé un message, J.R. l'aurait informée de votre absence au golf aujourd'hui et comme je suis seul ce matin, elle s'est débrouillée pour jouer avec moi dans deux heures, c'est un coup monté ?
J.R. inspecte ses chaussures avec attention en sifflotant et finit par lui souffler dans le portable:
- De toutes pièces, Emmanuel, de toutes pièces!

# ET LES MARMOTTES …

Je ne sais pas si vous êtes comme moi, mais parfois je suis surpris par mes amis.

Damien a retenu un départ pour neuf heures. Nous sommes quatre copains médecins généralistes qui décompressons grâce à notre partie de golf du jeudi. Aujourd'hui, ce sont les retrouvailles après des vacances d'été passées chacun à différents endroits. Les arbres ont déjà revêtu des couleurs automnales en ce début du mois de septembre.

Nous alignons nos véhicules, côte à côte au gré des arrivées sur le parking. Certains sont bronzés, d'autres moins, Damien et Pedro reviennent de la Côte d'Azur, Joël et moi avons pris du repos en Bretagne, maintenant vous savez qui porte des traces disgracieuses de casquette sur le haut du front.

En cheminant vers le Clubhouse, les récits s'entrechoquent comme des clubs secoués dans un trop grand sac. Joël décrit les fairways somptueux qu'il a foulé, Pedro nous parle du merveilleux fer 4 hybride qu'il vient d'acquérir, Damien nous relate sa partie avec une vedette des médias, quant à moi qui n'ai pas grand-chose à dire, j'écoute avec attention. En fait, je n'aime pas ressasser le passé, je vis mon présent et le garde tel que, dans ma tête.

Nous sommes sur le départ du premier trou. Lorsque Damien se met en position, il retrousse ses manches comme à son habitude, découvrant une montre magnifique à son poignet gauche. Nous nous regardons en désignant l'objet qui scintille au poignet de notre ami. Pedro lève un pouce, Joël froisse des billets virtuels entre deux doigts, je contribue à cet intérêt général en haussant les sourcils.

L'étonnement vient surtout que notre ami est relativement proche de son portefeuille, il a plutôt des oursins dans les poches. Mais bon, nous avons tous nos singularités !

Après avoir mis nos balles en jeu, chacun se rapproche de l'homme au bijou. Nous voulons savoir à quelle occasion il a reçu ce cadeau somptueux. Nous le connaissons bien, il ne peut l'avoir acheté. Après quelques minauderies post-adolescentes il nous explique, en choisissant ses mots, qu'il a trouvé l'objet. En regardant de près, on y observe la signature d'un grand joaillier.

La stupeur fige nos visages en réalisant qu'il n'a signalé à personne sa dispendieuse trouvaille, lui qui fustige le mal-garé sur les parkings, qui vilipende les dictateurs corrompus, qui n'attribue un arrêt-maladie qu'à l'approche du décès. Il prend notre silence pour de la jalousie et nous explique naïvement qu'en rangeant son sac dans son véhicule après une partie dans un grand golf de la Côte d'Azur, il a vu briller le bijou sur les pavés et se l'est attribué. Il aurait bien pensé, nous affirme-t-il, le déposer à l'accueil, mais il s'est dit que l'employé le garderait pour lui, ce qui revenait au même pour le propriétaire.

Joël, grand amateur d'objet anciens, lui fait remarquer que le titulaire y tenait forcément, qu'un tel objet, indépendamment de son prix représente une valeur, au minimum sentimentale. Damien répond sèchement que sa voiture était de loin la moins chère du parking et que le possesseur de la montre pouvait aisément s'en racheter une. Joël pousse le bouchon, en estimant à la louche un prix à cinq zéros, Damien opine, son épouse curieuse et intéressée, avait déjà authentifié son prix, en la retrouvant dans la luxueuse vitrine d'un joaillier monégasque, proche de leur hôtel.

Nous poursuivons la partie le cœur lourd. Comme si l'un de nous était en garde à vue après un braquage. Peu de blagues en cours de partie ce jour-là. Personne ne propose la bière de la fin des vacances, on se trouve chacun une obligation de dernière minute pour se séparer avant de reprendre nos véhicules.

Je rencontre Joël à une formation continue quelques jours plus tard. Il a été, comme moi, secoué par l'attitude de Damien et se demande s'il va continuer à jouer avec lui. J'essaie de le persuader qu'on a tous notre part d'ombre et qu'il est nécessaire d'être tolérant, il secoue la tête de droite à gauche, pas convaincu.

Nos parties s'enchainent, semaine après semaine, mais quelque chose semble cassé. Moins de blagues potaches, la pause bière est plus courte, parfois inexistante. Le groupe se disloque et cela me chagrine.

L'automne puis l'hiver passent, le pépiement des oiseaux annonce un printemps timide, l'air est envahi de pollens irritants. Nous sommes au départ de 8 heures, en première partie. C'est à Damien de jouer, il remonte ses manches avant de swinguer, nous montrant un poignet glabre. Je lui pose discrètement la question après sa mise en jeu. Sa montre se trouve chez un joaillier pour le remplacement de la pile. Il portera de nouveau son bijou la semaine prochaine.

Le jeudi suivant, nous sommes au dix-neuvième trou autour de notre table habituelle à déguster nos pintes sans faux-cols. Le poignet de Damien demeure nu. Devant nos mines interrogatrices, il avoue pudiquement qu'elle ne lui sera jamais rendue. Le joaillier l'a contacté et, sur un ton peu courtois, lui a déclaré qu'elle partait au pilon, c'était un faux magnifique.

Nos éclats de rires attirèrent l'attention du patron qui nous apporta avec empressement le fameux rhum arrangé dans sa bouteille tête de mort.

Damien continua d'un air bravache :

- 	De toutes façons j'avais décidé de retrouver le propriétaire après remplacement de la pile.

Joël se penche à mon oreille en me disant :

-      et les marmottes…

Mais l'honneur était sauf, Damien retrouvait sa place parmi nous

# JEU DE DÉS

Je ne sais pas si vous êtes comme moi mais je pense que la vie se joue parfois sur un lancer de dés.

Je maugrée au volant de ma vieille 4L jaune de la poste. Le printemps n'arrive pas, la route détrempée est constellée des branchages arrachés à leur tuteur par les bourrasques de cette nuit. La fumée de ma cigarette me pique les yeux malgré la vitre ouverte, je devrais arrêter cette saloperie qui m'encrasse les poumons et me bousille les artères, mon toubib le répète à chaque consultation.

Depuis le départ d'Hélène il y a 3 ans, allongée à présent dans une boite au cimetière de Pantin, je n'ai plus envie de rien, seulement de taper sur une balle blanche de 42 grammes en compagnie de bons copains. Hélène était mon épouse à la ville et ma partenaire de jeu sur les fairways. Nos deux filles vivent leur vie, le chat Alphonse est toujours là, somnolant près de la cheminée, ne daignant s'éveiller qu'au son de la trompette de Miles Davis soufflant « Tutu » sur ma vieille platine Rega Planar numéro 1 cellule d'origine.

Je gare ma fourgonnette à sa place habituelle, à côté de la Deudeuche grise « Matching » de Roland, comme moi quinquagénaire et amateur de moyen de locomotion vintage. Nous jouons avec Joël et Jean-Louis, nos cadets de cinq ans, pas encore arrivés pour notre partie de 8 heures, eux aussi collectionneurs d'anciennes. Le jeudi c'est le lancer des deux dés à chaque trou, en équipe de deux ou seul contre tous, selon le sort que nous réserve le tirage. Ça parait compliqué mais vous allez vite comprendre.

Je rejoins Roland devant le bureau de Ludivine qui assure l'accueil et la salue. Mon ami, en grande conversation avec son portable me fait signe d'approcher afin d'écouter. Au bout du fil, Joël nous annonce qu'il ne jouera pas aujourd'hui mais que sa soeur jumelle, en visite chez lui, le remplacera pour notre partie. Nous ne connaissons pas Lucie, mais son jumeau nous en a déjà parlé, handicap à un chiffre comme lui, ils ont déjà gagné quelques compétitions régionales dans leur adolescence.

Nous nous attablons au bar devant un « ristretto » en attendant nos partenaires. Jean-Louis franchit la porte en claironnant un bonjour tonitruant. Par la fenêtre, nous voyons se garer la traction-avant noire de Joël, en marche arrière d'une seule traite, sans manoeuvre s'il vous plait, parfaitement alignée entre les lignes de stationnement. Une grande brune s'en extrait avec grâce , belle silhouette vêtue d'une veste rose moulante et d'un pantalon noir ajusté. Nous la suivons des yeux pendant qu'elle pousse la porte du Club House, s'adresse à Ludivine qui nous désigne de la main. Elle entre dans le bar en nous tendant la sienne,
- Lucie, je remplace Joël !
Jean-Louis se précipite pour baiser la main tendue en se présentant. Nous énonçons nos prénoms timidement en la lui serrant.
- Roland
- Marco
- Il parait que vous êtes des compétiteurs féroces en match-play, nous annonce-t-elle en nous plantant les uns

après les autres son regard bleu délavé déterminé, je joue avec la série de mon frère, je ne vais pas briller, mais malgré tout, essayer de défendre l'honneur de la famille.

La poigne énergique de cette femme nous l'annonce, nous devrons sortir le grand jeu.

Près des boules jaunes du premier trou, Roland explique à Lucie les règles de jeu du Jeudi:

- Nous avons chacun un numéro, par tradition Marco est le 1, moi Roland le 2, Jean-Louis le 3 et Joël le 4. Lucie tu remplaces ton frère, tu es donc le 4.

- Ok, jusque là je comprends.

Roland continue son discours docte et professoral, ses gros sourcils noirs de jais s'élevant à chaque explication:

- On lance les dés sur chaque départ de trou, les chiffres nous indiquent avec qui on joue ou si on joue « seul contre tous ». l'équipe qui gagne marque deux points, en cas d'égalité c'est un point à chaque équipe; si le joueur « seul contre tous » gagne, il empoche trois points.

- Je comprend encore mais c'est compliqué, répond Lucie en plissant le front et si ça tombe sur 5 ou 6?

- Ne t'inquiète pas, on t'expliquera au fur et à mesure, réplique Jean-Louis en « chevalier-servant-au regard-de-braise ».

- Peux-tu nous rappeler la profession de Marie-Ton-Epouse, Jean-Louis ? réplique Roland en souriant.

- Oui bon d'accord, tu es un peu rabat-joie, elle est Avocate spécialiste des divorces avoue JL, les yeux pétillants de malice.

- Mon frère m'avait conseillé de faire appel à elle pour mon divorce, ajoute Lucie les yeux subitement embrumés, mais j'étais perdue il y a un an, mon mauvais avocat s'est même fait représenter par un collaborateur.

- Au fait, mon frère m'a donné les dés avant que je parte, ajoute t-elle souriante.

Lucie les dépose dans la main tendue de Roland qui les examine.

- Ce ne sont pas les dés habituels !
- Non, répondit Lucie, il les a laissés dans l' Austin de Marie, elle est partie faire les courses avec, il m'en a donné d'autres.

Roland les lance en l'air derrière ses épaules.

- Le 1 et le 4, Lucie et Marco vous jouez ensemble. Clin d'oeil discret de JL que j'ignore.

Nos trois drives désormais posés confortablement sur la piste, nous accompagnons Lucie aux boules bleues. Elle prend un stance athlétique, son drive fend en deux le fairway à plus de deux cents mètres en laissant nos balles vingt mètres derrière la sienne.

- Ben mon neveu, ça c'est de la balle, s'écrie Roland, vivement mon tour avec toi.

Nous remportons le trou Lucie et moi. Lancement des dés au deuxième trou, Lucie est encore ma partenaire, nos jeux se complètent bien, nous gagnons le deuxième trou, elle est agréable, enjouée et efficace dans tous les secteurs de jeu. Pour le troisième trou, Lucie joue seule contre tous mais elle le gagne, elle marque déjà 5 points. Le quatrième lancer nous remet ensemble, Roland examine les dés, il est agrégé de mathématiques, il prétend que cela défie les lois des probabilités que d'avoir 3 fois les mêmes chiffres sur 4 tirages. Maintenant il regarde l'herbe avant de lancer les dés, qu'il examine eux aussi avec attention en les soupesant. Je me dis que les dieux du golf jouent peut-être aux dés, quoiqu'en pense Albert dans sa tombe. La partie se termine en brisant les théories des probabilités de

Roland, car nous avons joué dix fois ensemble Lucie et moi. Gagnant tous ses trous, elle gagne aussi la partie, je suis deuxième.

- Joël m'a demandé de ne pas oublier les dés, il semble les affectionner particulièrement, intervient Lucie.
Roland les lui rend avec un air suspicieux, en les faisant sauter tels des osselets dans sa main.

De retour au bar nous commentons nos jeux respectifs en buvant nos bières, Roland est distrait, boit à peine sa bière, on le voit prendre une vieille carte de score, y aligner des calculs en marmonnant « c'est très improbable ». On en rigole Lucie et moi en échangeant des regards complices. Elle aime les chats, les vieilles voitures et le Jazz, plutôt Chet Baker que Miles Davis, bon! j'ai tous les vinyles de Chet aussi. Par contre, elle ne fume pas et milite contre. Je crois qu'on grossit pas mal à l'arrêt du tabac, ça m'ennuierait de perdre ma ligne, mais je suis prêt à faire un effort.

# LOCAL A LOUER

Je ne sais pas si vous êtes comme moi, mais je trouve que le golf nous fait parfois vivre des situations embarrassantes.

Nous venons d'arriver, Joël, Damien, Philippe et moi Marco, au magnifique golf du Touquet par un samedi ensoleillé.
Généralistes installés dans la même ville et néanmoins amis, nous faisons partie d'un groupe de toubibs golfeurs. Nous dormons cette nuit au Manoir H, qui veille sur le départ du premier trou.
Nous organisons des réunions de travail entre médecins de plusieurs régions. Golf le matin, travail après le déjeuner. Joël, nous a tous co-voiturés dans son gros SUV. Pendant le trajet, Damien a exposé ses difficultés à louer le dernier local de sa maison médicale. Direction la salle de billard pour écouter distraitement le président du groupe, expliquer l'importance de ces réunions qui font de nous d'éternels étudiants au service de nos patients, Amen ! Dès la fin du discours, laissant nos confrères dîner, nous entamons une partie de 3 bandes en grignotant quelques mignardises. Vers minuit, la partie terminée, nous nous replions épuisés, vers nos chambres. Nous jouons tôt demain, en partie de *quatre balles* contre des spécialistes de notre région.
Après une nuit de repos bien méritée et un petit déjeuner roboratif, nous sommes prêts à affronter nos collègues. Nous poussons nos chariots sur le départ. La partie démarre à 8h en shot gun, sur le parcours de la mer. Je pars

du tee numéro un avec Damien contre Richard et Jacques, deux rhumatologues, associés dans la ville voisine.

Pendant la partie de billard d'hier soir, Damien qui connait tous les potins, m'a dit que ça ne se passait pas très bien entre eux. Mais bon, vous connaissez des associés qui s'entendent bien ? Nos adversaires arrivent d'un pas nonchalant, l'air conquérant, poussants leurs chariots qui supportent chacun un sac identique, blanc immaculé, logoté en grosses lettres rouges au nom de leurs propriétaires, comme les pros. Des rumeurs circulent, disant que Richard aurait tendance à capter la clientèle de Jacques. Si ce dernier est affable, réservé, Richard est extraverti, orgueilleux.

Le premier trou de la mer est un par 5 de 445 m des jaunes, sinueux, pas simple. Damien se prépare à taper la balle, s'aligne, tourne violemment dans la balle, qu'il propulse au milieu du *fairway* à près de 200m,. Nos adversaires se regardent, inquiets, je m'aligne à mon tour, envoie une balle, qui s'immobilise sur la première tonte gauche, un peu plus courte. Jacques, balance un bon drive, qui coupe le Fairway en deux, Richard s'installe, un peu déstabilisé par les 3 bons drives qu'il vient de voir, tourne précipitamment, laissant sa face un peu ouverte à l'impact qui provoque un énorme slice, dans les arbres à 150 m du départ, c'est mal parti pour eux.

La balle de Richard est manifestement perdue, nous le lui annonçons, il ne veut rien entendre, pas de balle provisoire, il la retrouvera car il l'a bien vue, là-bas contre un arbre. Après les trois minutes de recherche réglementaire, sa balle est introuvable, il doit retourner au départ. De mauvaise grâce, il rebrousse chemin en ronchonnant que le temps de recherche serait d'après lui toujours de cinq minutes.

Nous le voyons s'installer au loin sur le départ avec des mouvements brusques, puis jouer un gros *hook* dans un *rough* inexpugnable à gauche du *fairway*. Nous retrouvons la balle enfouie dans des branchages denses. Il vient en évaluer le *lie*, finit par sortir un hybride 3 pour tenter d'extirper sa balle de son funeste nid.

Son partenaire me lance un regard catastrophé, sans *drop*, il n'a aucune chance. Après un long *backswing,* il ralentit au retour et fait un *air-shot*, il nous annonce un coup d'essai. Damien et moi regardons Jacques, en levant chacun le pouce pour cette version, il faut faire retomber la pression car on a encore 17 trous à faire en sa compagnie.

Mon partenaire et moi arrivons en régulation sur le green et rentrons nos putts en deux coups pour faire le Par, nous sommes *One up*.
Nous gardons l'honneur au départ du trou numéro 2, un par trois de 161 mètres des boules jaunes, solidement gardé par 2 bunkers à droite et leurs jumeaux sur la gauche. Damien joue un bois 5, droit sur la piste, juste devant le green. Je me positionne à côté de la boule jaune de droite, m'aligne et joue un des meilleurs fer 4 hybride de ma carrière de golfeur amateur, en fade, la balle atteint l'entrée du green, roule jusqu'au drapeau en fond de green et disparait. Mon partenaire me chuchote *trou en un*, je n'y crois pas, attendons de voir.
Les félicitations de nos partenaires n'arrivent pas, les épaules de Jacques sont basses, Richard se tourne, l'air de rien. Jacques joue un hybride 3, sa balle se fraye un chemin jusqu'au premier bunker de droite, un coup assez moyen.
L'air dépité il garde son club en main et s'écarte du départ en laissant son chariot près de celui de Richard afin de ne

pas faire de bruit. Richard sort un fer 5 de son beau sac blanc,

- Un peu juste, pensais-je.

Il s'aligne, prend une posture de *star*, d'un mouvement très rapide il envoie une banane d'enfer à gauche, dans les broussailles. Damien se retourne vers moi, un pouce discrètement levé.

Toujours le regard orienté vers le green, un bruit fracassant nous fait retourner pour voir Richard abattre son fer 5 sur un beau sac blanc, avec détermination, les yeux exorbités et la bave aux lèvres, sans s'arrêter il frappe le haut, le bas, les côtés, méthodiquement, le sac blanc immaculé s'affaisse progressivement sous la violence des coups répétés, un massacre. Le visage de Richard est rouge, déformé par une rage folle. Resté un temps pétrifié, à l'écart, Jacques sort de sa torpeur, les sourcils circonflexes et crie à Richard :

- Mais pourquoi as-tu détruit mon sac ?

Réalisant sa méprise, Richard tombe à genoux, hébété et regarde son propre sac, logoté RICHARD en lettres rouges, impeccable, trônant à côté de celui de Jacques, irrémédiablement fracassé.

Damien s'approche de mon oreille et me susurre :

- A la fin de la partie, je propose à Jacques de s'installer dans notre dernier local à louer.

MARCO MARIANO

# UNE BELLE VIE SANS FIN

Je ne sais pas si vous êtes comme moi mais dans la vie il faut parfois un électrochoc.

Clara, vient de décider que c'était fini entre nous, elle a horreur du golf et ne peut envisager de vivre avec un gars absent le week-end.

Maintenant seul, je joue demain un Pro-Am sur deux jours avec Lucien, mon Pro, en équipe avec deux autres amateurs. L'orage menace en cette fin mai caniculaire. Un éclair illumine la chambre d'hôtel où je viens d'arriver, l'éclairage diminue brièvement, une détonation secoue l'établissement. La foudre nous est tombée dessus.

Je vais aux nouvelles sur le palier où je croise une femme de chambre qui n'a rien entendu. Le bruit était pourtant fort. Je m'habille pour le repas et trouve mon équipe assise à une table dans la salle à manger. Ils n'ont pas entendu le tonnerre..

Après dîner, nous nous quittons pour une nuit de sommeil réparatrice avant d'aborder nos deux journées de compétition. Nous n'avons plus de barre de téléphone.

Je me réveille au son de la chaine golf qui annonce l'avance de dix points de Tiger à l'entame du « moving day ». Toujours pas de barre de téléphone.

En descendant à la salle du petit déjeuner, je suis bousculé par un homme coiffé d'un béret écossais et pantalon assorti, qui remonte les escaliers à toute allure.

Il m'adresse une vague excuse en continuant sa course. Le bas de l'escalier débouche sur un vestibule, où apparait une serveuse qui trébuche sur le tapis gondolé et renverse le plateau qu'elle portait. La théière s'envole accompagnée des tasses et des mignardises. Le tapis persan est arrosé d'Earl Grey. La serveuse éclate en sanglots. Je l'aide à ramasser la vaisselle dispersée.

Dans la salle à manger, je vais retrouver mon équipe habillée à nos couleurs, short blanc, polo rouge. Après m'être approvisionné en café, pain et fromages, je m'assois à la table de mes partenaires. Leur conversation porte sur la stratégie de jeu du jour. Nous discutons de l'avance de Tiger au Masters et constatons l'absence de barres sur nos portables.

La partie démarre, mes partenaires envoient leurs drives pleine piste, je « slice » lamentablement dans les arbres. Je ne suis pas dans mon assiette, les copains le remarquent et m'encouragent. Coup de recentrage, je joue ma balle suivante dans l'eau à gauche. L' équipe est déjà sur le green. Je joue enfin le drapeau que je manque de peu. Je rate un « put » d'un mètre, dévié par un gravier que je n'avais pas vu. Aujourd'hui le boulet c'est moi.

Le dernier trou, *par cinq* avec green en ile, m'est fatal, je mets trois balles dans l'eau, Gérald tache son short blanc en roulant son chariot dans une flaque de boue. Mes amis ont bien joué mais notre groupe est dernier. Au débriefing, Lucien m'indique la manière d'aborder le dernier trou, j'ai compris pour demain.

Après un diner frugal, pas en forme, j'abrège la soirée et me mets au lit, bien décidé à jouer correctement la suite du tournoi. Pas de barre sur mon téléphone, ni pour moi ni pour mes amis, il parait que l'incident sera réparé cette nuit.

La chaine Golf me réveille en annonçant l'avance de Tiger à l'aube du « moving day ». Je rêve ?

Après ma toilette, quelques mouvements d'assouplissements, je m'habille et sors. Je re-croise l'écossais, que j'arrive à éviter « in extrémis » fort de l'expérience d'hier. En bas de l'escalier je remarque le tapis persan gondolé, je l'aplatis, la serveuse au thé qui apparait, plateau chargé, passe sans tomber, en me saluant.

Je rejoins mes amis en salle à manger et m'attable. La conversation tourne toujours autour de la stratégie de jeu. Gérald a revêtu un nouveau short blanc impeccable. Je lui dis qu'il avait raison d'en prendre deux, il me regarde, étonné. J'écoute distraitement la conversation, perdu dans un univers cotonneux. Je sens que quelque chose ne va pas, sans pouvoir identifier le problème. Les amis parlent de la belle journée de Tiger hier au Masters. J'ai l'impression de vivre un moment déjà vécu, fréquent dans le cas de grosse fatigue. Toujours pas de barre de connexion téléphonique.

Nous sommes au départ, mes amis lancent de beaux drives, je m'aligne et, tenant compte des remarques de Lucien hier, envoie une balle au milieu du fairway. Sur le green, je recherche le gravier qui avait dévié ma balle le premier jour, le retire et rentre mon put de un mètre. Au départ du dernier trou, j'ai une appréhension, mais mon quatrième coup est orienté vers le centre du green où ma balle s'arrête net avec un petit rétro, la leçon d'hier a porté. Nous sommes troisièmes au deuxième jour de mon expérience étrange, mais apparemment le premier jour pour les autres. Nous dînons, j'abrège et vais me coucher.

Je me réveille au son de la chaine golf qui annonce l'avance de Tiger. Les jours se suivent et se ressemblent à l'identique. C'est mon trentième jour de compétition, j'ai mes habitudes, j'évite l'écossais le matin, lisse le tapis persan, la serveuse passe, je retire le gravier du premier green. Toujours pas de barre de téléphone.

Je me présente confiant au départ. J'ai décidé de demander des conseils de jeu à Lucien après chaque partie. Grâce à ses leçons gratuites les progrès sont rapides, je parviens à driver droit, loin. Il m'initie aux subtilités de la stratégie, à la manière de taper balle-terre, à l'art d'une bonne rotation du corps qui propulse mon bras droit naturellement vers la balle. Le lendemain il ne se souvient de rien.

Ma soixantième partie s'engage avec un drive mémorable dépassant même celui de Lucien qui m'adresse un pouce levé. Mes partenaires sont étonnés par la maturité de mon jeu de placement, évitant les gros dangers et de ma qualité de contact de balle avec les fers. Je conclue par un *birdie* au dernier trou. A la fin de cette « première » journée nous sommes premiers.

Au matin du soixante et unième jour de mon aventure, un éclair me réveille avec un gros coup de tonnerre, la chaine de golf annonce l'avance de Tiger au *Masters* et un troisième tour à venir décisif pour Dustin à dix coups derrière. J'évite l'écossais de l'escalier, replace le tapis persan, salue la serveuse de thé et rejoins mes amis au petit-déjeuner. Mon téléphone vibre, c'est Clara. Avant qu'elle ne parle, je lui dis qu'elle me manque et qu'avec elle, même sans golf, ce sera une belle vie sans fin.

# PARTIE DE RÊVE

Je ne sais pas si vous êtes comme moi mais je pense qu'il faut profiter de chaque moment de bonheur.

Je joue seul aujourd'hui. Sur le départ du troisième trou, un par quatre de plus de quatre cents mètres, j'attends que la partie de deux joueurs qui me précède s'éloigne largement au-delà de ma distance de drive habituelle. Dès qu'ils sont hors de portée, je me mets en position et frappe un long coup en draw qui roule avec vivacité au milieu du fairway. Heureusement que j'ai patienté car la balle est très longue, je les vois se retourner, je m'excuserai dès que possible. Mon swing est impeccable, je respecte à la lettre les consignes de mon pro.

Il faut vous dire que dès le départ de la maison dans mon nouveau cabriolet blanc à capote noire, je nage dans un bain de bonheur. J'ai remplacé hier mon vieil Express jaune de la poste par cette voiture de sport dont le moteur six cylindres « à plat » rugit dès que je frôle l'accélérateur. Malgré la fraicheur matinale j'ai roulé décapoté, les cheveux au vent.

A mon arrivée au clubhouse, Justine, la secrétaire m'a demandé de venir dans la réserve pour m'offrir discrètement une boite de balles trois pièces car les jardiniers lui ont signalé que je réparais avec attention mes pitchs sur les greens et que je remettais mes divots en place. Le directeur a décidé de me faire ce cadeau, ainsi qu'aux joueurs méritants du club qui ratissent les bunkers après leur passage et laissent passer avec le sourire les parties rapides. Le ciel est bleu en ce matin de juin, l'air se réchauffe doucement et porte les balles. Depuis le départ mon jeu est bien en place, déjà deux greens en régulation et deux pars. Je joue mon deuxième coup sur le troisième trou, avec un bois trois pour un peu moins de deux cents mètres. Ma balle est droite, haute, vers le drapeau, elle tombe devant le green, roule sur le gazon raz et s'arrête près du trou. Un put pour le birdie, que j'entre plein milieu. Je suis dans la zone.

Me dirigeant vers le départ du quatre j'aperçois les deux joueurs qui me précèdent, assis sur le banc à coté des boules blanches, je vais m'excuser. Ils se lèvent à mon approche, enlèvent leur couvre-chef, me tendent leur main droite :

- Je m'appelle Ruiz, me dit l'homme,

- Et moi Lucia, me dit la femme, voulez-vous que nous jouions ensemble ?

J'accepte avec plaisir leur invitation et les interroge sur l'origine de leur accent.

- Argentine, me répondent-ils en cœur.

- Nous sommes de Buenos-Aires, en vacances en France pour un mois, précise Ruiz

Je leur réponds que je connais un peu cette capitale pour y avoir déjà séjourné avant d'aller au Chili puis en Antarctique. Ils me disent aimer la France et les Français. Je me souviens des nombreuses librairies de cette ville, avec des livres français en vitrine. J'avais beaucoup apprécié l'ambiance décontractée de cette cité, les bandonéons qui rythment les passes des danseurs de tango aux chaussures rutilantes dans les nombreux parcs en fin de journée, sous l'œil connaisseur des spectateurs, un verre à la main.

Nous reprenons la partie en commentant l'actualité, l'arrêt

de la guerre en Ukraine grâce à l'intervention déterminante de la présidence française et d'un célèbre philosophe voyageur. Nous évoquons la reprise de l'activité de tous les réacteurs nucléaires français qui rend à notre pays une indépendance énergétique et permet de rouvrir les boulangeries.

Nous entendons soudain un cri, annonçant une balle égarée par un joueur du fairway voisin. Nous le remercions de loin pour son avertissement qui a permis de nous protéger. Cette journée est merveilleuse, mes partenaires approuvent. Notre jeu long et direct nous amène tranquillement jusqu'au dernier départ. Mes partenaires me donnent l'honneur, que j'accepte avec empressement. Des jardiniers viennent nous saluer sur le fairway pour nous demander si le terrain nous convient. Nous les remercions pour les trois coupes de rough, et l'entretien parfait des greens, ni trop durs ni trop souples.

Il est temps d'aller boire le verre de l'amitié au bar. Les argentins ne connaissent pas le Chose, nous en commandons trois au barman. Le serveur vient à notre table pour nous annoncer d'un air désolé que le pamplemousse est en rupture, il ajoute rapidement avec un clin d'œil que le patron nous offre le champagne pour compenser, nous acceptons. Il revient avec trois coupes accompagnées de gâteaux salés encore chauds Nous levons nos verres pour trinquer.

Une sonnerie retentit.

Je lève la main pour porter le verre à ma bouche, cogne un objet, mon réveil tombe de la table de nuit.

J'espère que mon Express jaune de la poste va bien vouloir démarrer. En plus je n'ai plus d'essence à cause de la grève.

# SERIAL GOLFEUR

Je ne sais pas si vous êtes comme moi, mais j'aime le travail bien fait.

Le départ d'Alexandre est fixé à dix heures, avec deux joueuses qu'il ne connait pas. Il a repéré le parcours, il sait qu'il aura deux occasions, au quatre et au seize, car ces deux « par cinq » longent le cinq et le quinze.

Alexandre, brun, grand, s'habille en sportswear. Ce mardi d'avril, il porte un pantalon taupe, souple, qui lui permet si besoin, de courir et sauter, un polo assorti près du corps et un blouson ajusté, réversible, noir ou beige. Il a choisi l'extérieur beige pour la partie. Ce matin ses lunettes de soleil Gucci sont surmontées d'une casquette beige à longue visière, la noire est restée dans le sac. Il aime avoir ses aises et adore travailler sur un golf.

Il change d'équipement à chaque sortie. Il a choisi aujourd'hui un sac léger, noir, pour y loger son petit putter, une demi-série de lames, un bois trois. Le shaft de ses clubs est ultra léger, fait sur mesure à Taiwan. Ses affaires le conduisent dans le monde entier, il voyage en first.

Sa mission aujourd'hui est un homme politique dont il a étudié les faits et gestes depuis quelques semaines, qui doit prendre le départ juste avant sa partie.

Il se présente à ses partenaires de jeu, Elise et Marie-Ann, sous le prénom de son passeport autrichien du jour, Frederick.

S'alignant des boules blanches sur ce court par quatre, il décoche avec son fer trois, un coup de deux-cents mètres au milieu du fairway qui lui vaut les applaudissements de ses partenaires. Il lui en restera cent cinquante pour atteindre le drapeau, avec son fer huit fétiche.

Ses partenaires partent des boules bleues, elles jouent bien, il aime ça. Elles font un break de quelques jours pour décompresser après un travail difficile qu'elles viennent de terminer, dans le lobbying économique international. Elles parlent bien allemand, c'est dans cette langue qu'il leur explique les arcanes de son travail de courtier en pièces d'aviation.
Ils comparent les golfs qu'ils ont joués et tombent d'accord sur la beauté du golf de Fontainebleau.

En prenant le départ du trou numéro quatre, Alexandre/Frederick a décidé d'envoyer son deuxième coup dans les arbres de gauche afin de se rapprocher de sa cible et tenter le coup. La forêt y est dense, il aura le temps de sortir son mince fusil à lunette de son sac, logé dans son range parapluie spécial, d'ajuster et de tirer. Son nouveau silencieux israélien ultra performant étouffera la détonation. Les filles, régulières comme des métronomes, au milieu de la piste, ne le gêneront pas.

Son deuxième coup est dans les arbres, mais Elise est sur le fairway, un peu trop près de lui. Il traîne un peu dans la recherche de sa balle, elle viennent l'aider, c'est raté. Il remet sa balle sur le fairway, on verra au seize.

La partie est sympathique, ponctuée de plaisanteries et de rires. Elise semble être sensible à son charme, elle le regarde fréquemment. Il est habitué à attirer les regards des femmes. La prochaine fois, il mettra moins ses pectoraux en valeur, il n'aurait pas dû retirer le blouson.

Il envisage une autre stratégie au seize. Il joue une balle sur la partie droite du fairway, proche du dix sept, il fera mine de se soulager, dans le bois,  sac en bandoulière, masqué par les arbres très fournis à cet endroit. Les filles sont sur le fairway, il sera tranquille. Rentrant dans le bois, il repère sa cible, sort le fusil en un tournemain, l'appuie contre un tronc, ajuste la mire laser, s'ancre dans le sol.

Concentré sur sa cible il ne s'est pas aperçu que ses partenaires l'avaient suivi, l'une à sa gauche, l'autre à l'opposé, chacune tenant un Sig Sauer dernier modèle, silencieux vissé au canon. Elles tirent en même temps, l'une la tête, l'autre l'emplacement du coeur. Il s'effondre contre le tronc.
Elise porte sa montre à sa bouche et chuchote :

- Serial Golfeur dégagé.

# 1984

Je ne sais pas si vous êtes comme moi, mais je pense que le monde change trop vite.

Il est déjà onze heures, Élodie n'est toujours pas arrivée. Elle vient me voir tous les dimanches matin pour m'apporter une boite de macarons. Elle reste avec moi jusqu'à l'heure de mon déjeuner pour que je lui raconte ma vie.

J'ai perdu mon épouse il y dix ans. Élodie est mon arrière-petite-fille, j'ai cent neuf ans, médecin en retraite depuis quarante sept ans, je vis maintenant en EHPAD. Je suis gâté, ma chambre orientée sud, donne sur la Seine où je vois passer les péniches chargées à raz-bord de containers chinois. J'ai même un petit salon attenant où j'ai installé ma chaine Hifi que la direction m'a demandé d'écouter au casque. Il ne me manque pas grand-chose pour être totalement heureux, ça tient en quatre lettres, j'ai dû y renoncer depuis bien longtemps.

J'entends toquer discrètement à la porte, je reconnais la frappe, c'est Élodie. Elle entre échevelée :

-   Je suis désolée GrandPa mais mon vélo était crevé, j'ai dû réparer.

Elle n'habite pas très loin et doit faire un détour pour assouvir ma gourmandise, un macaron après dîner. J'adore ces friandises fabriquées avec des ingrédients devenus rares, œufs, poudre d'amande et sucre. C'est une grande jeune fille de 18 ans, dégourdie, aux boucles blondes et aux yeux bruns. C'est la cadette des trois nanas de mon petit-fils

Alex, conseiller auprès du ministre de l'écologie.

Aujourd'hui, j'ai décidé de lui raconter mon plus grand secret.

- Alors GrandPa, qu'est-ce que tu as de beau à me raconter aujourd'hui ?
- Tu sais, j'étais un passionné de Golf.
- De quoi ?
- Le golf était une discipline sportive qui comptait beaucoup d'adeptes de par le monde jusqu'à son interdiction en 2043.
- C'est dingue, je n'en ai jamais entendu parler !
- Pas étonnant !

La bouche grande ouverte, les yeux implorants, Élodie attend la suite avec impatience. Je prends mon temps, savourant ce minuscule instant de pouvoir sur cette gamine avide de vieilles histoires et de découvertes.

- Le principe était de se rendre sur un terrain assez grand où dix-huit trous disséminés sur plusieurs hectares étaient creusés sur une zone de gazon tondu raz, qu'on appelait un *Green.*
- D'un départ, plus ou moins éloigné, marqué par des boules de différentes couleurs, attribuées selon le niveau de jeu et selon le genre, on devait propulser avec un bâton qu'on appelait *club,* une balle d'environ 42 grammes le plus droit et le plus loin possible jusqu'au trou.
- Vous discriminiez les genres à l'époque ? Mais ça tombe sous le coup de la loi GrandPa !
- De mon temps, l'homme ouvrait la porte aux

femmes et payait souvent la part de sa bien-aimée au restaurant.

- C'était quand-même un peu... lourd, non ?

- On s'égare, ma chérie, revenons aux règles de ce jeu,

- On jouait seul ou jusqu'à quatre personnes par partie. C'est celui qui rentrait la balle dans le trou en moins de coups que les autres qui gagnait.

- Mais comment ce jeu a-t-il disparu GrandPa ?

- Tout a commencé le jour où les ligues anti-chasse ont eu gain de cause. Les députés ont voté la loi pendant la semaine des vacances de Pâques avec parution du décret au J.O pendant les grandes vacances. Au cours des trois années suivantes, les sangliers et les cervidés ont pullulé et rendu les terrains impraticables, sans parler des lapins qui creusaient les *greens* pour y faire leurs terriers. Les exploitants des golfs ont essayé de se joindre au lobby des chasseurs, mais ceux-ci n'avaient plus de soutien. Les clôtures électriques ont été interdites pour le bien-être animal.

- Oui, c'est normal, pauvres bêtes !

- Les pays où il était encore possible de jouer ont pris les mêmes mesures les uns après les autres. Comme il était devenu nécessaire d'indiquer un but de voyage à la réservation de son avion, le motif golf fut bientôt interdit. Les équipements de golf ont été saisis par les autorités et progressivement détruits par les presses des casses automobiles qui n'avaient plus de travail depuis la disparition des voitures en 2040.

- Mais GrandPa, je n'ai jamais vu de golf dans les reportages ni entendu quiconque en parler dans les réseaux sociaux ? Tu es certain de ce que tu dis ?

Un instant déstabilisé par la réflexion d'Élodie dont le front plissé laisse à penser que je déraille, je reprends de l'assurance et continue mon récit.

- La ligue écologiste, dont fait partie ton père, a décidé que cette pratique consommait trop d'eau, qui devait être réservée aux cultures de quinoa et d'élevages d'insectes que tu manges quotidiennement dans tes repas-gélules. Ils ont effacé toutes les traces du golf sur le *cloud* grâce à un logiciel d'intelligence artificielle qui, en quelques jours, a tout fait disparaitre. Les livres et les supports numériques ont été brûlés lors des grands autodafés de la rénovation.

- Mais les joueurs n'ont rien dit ? Les gens impliqués dans cette économie ?

- Les acteurs de cette filière ont dû assister à des séances de rééducation sociale, ainsi que tous les acteurs de la filière viande lors de leur suppression. Une méthode basée sur l'hypnose dirigée a été imposée à tous les membres concernés ainsi qu'à l'ensemble de la population, avec une séance par semaine pendant un an, imputée sur le compte formation obligatoire, inventée par la descendante d'un grand philosophe du siècle des lumières, Rousseau je crois, ça a très bien marché.

- Mais GrandPa, toi tu t'en souviens !

- J'ai fait jouer mes relations… J'ai menacé ton père de révéler qu'un jour, trouvant un nid rempli d'oisillons, il avait demandé s'il pouvait les manger. Bon, il n'avait à l'époque que 3 ans, mais tu imagines bien l'effet d'une telle bombe médiatique, elle aurait bloqué sa carrière.

Il a lui-même tamponné mon certificat de rééducation sociale.

-        Ce secret restera entre toi et moi, motus et bouche cousue, à moins que je m'en serve pour avoir un nouveau vélo ! A dimanche prochain mon GrandPa adoré.

# DIX-NEUVIEME TROU

Je ne sais pas si vous êtes comme moi mais je pense qu'un parcours de golf ne se finit vraiment qu'au dix-neuvième trou.

Le ciel était plombé en ce dernier dimanche de novembre sur le golf de Bondoufle. Malgré les mauvaises prévisions météorologiques, nous avions maintenu notre partie, une des dernières qui devait clôturer « l'éclectique » entamé en début d'année. Peu d'équipes s'étaient engagées sur le terrain en ce jour glacial.

Nous jouions Damien, Bertrand et moi, depuis quelques années le jeudi et le dimanche. Début janvier, sur une proposition de Bertrand, nous nous étions cotisés pour acheter une coupe qui serait remportée par le plus talentueux de nous trois après le décompte des partie gagnées au cours de l'année.

A deux semaines de l'issue de notre championnat, les scores étaient serrés, Bertrand devançait d'une partie Damien, j'étais juste derrière.

Sur le tee de départ quelques flocons virevoltaient et venaient consteller nos vêtements. Nous étions équipés en conséquence, Bertrand portait même des gants chauffants « dernier cri » assortis à un nouveau pantalon de pluie un peu ample de type baggy, non autorisé sur un terrain de Golf d'après Damien. La partie promettait d'être mouvementée.

Depuis que nous avions rencontré Bertrand lors d'un voyage de golf en Afrique, Damien le tenait à l'oeil, me susurrant régulièrement en toute discrétion qu'il « arrangeait » ses balles dans le « rough ». Je ne prêtais pas attention à ces remarques, les mettant sur le compte de la suspicion chronique de Damien envers les autres bons joueurs.

Damien tenait avec précision le compte des coups de ses partenaires mais se droppait en général un peu plus près du trou que l'endroit où sa balle avait franchi l'obstacle d'eau latéral. Parfois j'oubliais par inattention de noter un mauvais coup, bon! chacun ses défauts.

Bertrand lança un long drive dans l'herbe haute de droite à quelques mètres de la piste. Damien attira mon attention sur la position de cette balle, prit son stance et joua sur le fairway de gauche.

Je jouais pleine piste une balle qui roula beaucoup pour terminer dans un divot. Nous devisâmes de tout et de rien en marchant vers nos balles. Damien, le plus court, joua un bois de parcours qui finit à cent cinquante mètres du green. Je demandais à mes partenaires de pouvoir dropper ma balle hors du divot, il me fut répondu qu'en l'absence de convention préalable au départ, les balles ne seraient pas placées.

Je fis valoir que la météo venait de se dégrader et qu'on pourrait peut être faire une exception aujourd'hui, veto absolu de mes partenaires, c'est une des dernières parties de l'éclectique ....et tout ça!

j'étais contraint de jouer un fer cinq, finalement bien contacté qui termina à une centaine de mètres du green. Bertrand arriva dans la zone où nous avions vu glisser sa balle, Damien attira mon attention sur le coup de pied discret que Bertrand donna dans sa balle pour la sortir de son pitch. Je lui criais que si le drop n'était pas possible dans un divot, il l'était encore moins dans le rough. Bertrand prétendit qu'en cherchant sa balle il l'avait cognée sans le vouloir, il joua un bois de parcours près du green. Je vis le visage consterné de Damien qui me dit que si on permettait de placer la balle dans les herbes ça changeait tout, il allait ouvrir l'oeil et le bon.

Nos trois balles atterrirent sur le green, Bertrand fit le par, nous fîmes bogey.

Des flocons fins continuaient de voleter autour de nous, saupoudrant notre périple dominical. Nous arrivions au départ du quinze,  Damien à un coup de Bertrand et moi trois down, aucune partie en vue, le golf était à nous.

 Nous surveillions Bertrand car son drive finissait souvent dans le rough, loin de nous, sa balle toujours retrouvée par son propriétaire, même cette fois où elle nous semblait avoir franchi une clôture.

- Non c'est bien ma balle, regardez elle porte mes initiales, soyez plus attentifs, ah vous ne                m'aidez pas! faites opérer votre cataracte bon sang.

Nous n'avions sans doute pas remarqué le rebond salvateur. Damien finit par le surnommer  Patrick Reed jusqu'à la fin de la partie.

Le quinze est un par quatre assez court où, pour une fois Bertrand est sur le fairway. Nous jouons Damien et moi de belles balles sur la piste à une vingtaine de mètres derrière notre partenaire, près l'un de l'autre.

 Notre second coup atteint le green en régulation. Bertrand est finalement dans un divot, qu'il qualifie « de trou d'animal fouisseur », ce sont les corbeaux, qui manifestement ont agrandis ce divot en cherchant des vers, vous les avez bien vus s'envoler lorsque nous sommes arrivés. Je lui fais valoir qu'il m'a refusé mon drop gratuit sur le premier trou, il n'en démord pas, ce sont les corbeaux, il se droppe gratuitement.

La coupe est pleine, nous nous regardons avec Damien:

-   Du calme, me glisse t-il dans l'oreille, j'ai peut être un truc, on verra au bar après la partie!

Damien a l'esprit rotor, suspicieux, il n'aime pas se faire avoir, surtout au golf. Il faut dire que Bertrand est roublard. Après notre rencontre en Afrique, il m'avait vendu à prix d'or une série de lames injouables que j'avais été obligé d'abandonner rapidement pour une série plus tolérante. Il n'avait jamais voulu me la reprendre, arguant du fait que seul mon swing était en cause.

Nous finissons la partie, Bertrand gagne, Damien et moi sommes à un point derrière. Nous n'avons plus que trois ou quatre parties pour rattraper l'homme de tête et gagner la coupe.

Nous refermons nos coffres de voitures après rangement du matériel, Damien se plaint soudain d'un mal de dos, il nous suit la main dans le dos vers le bar.

Je dois vous dire que nous avons notre petite cagnotte du mois que Damien garde jalousement dans sa vieille trousse d'écolier et ne sort que pour le pot de fin de mois. Nous l'enrichissons chaque semaine de cinq euros chacun, soit soixante euros par mois que le gagnant du mois empoche, après déduction du pot de fin de mois que le gagnant paye par tradition.

Damien nous annonce qu'il préfère ne pas s'asseoir dans les fauteuils profonds du club de peur de s'y trouver coincé, il nous propose de boire debout au bar, nous souscrivons à sa demande.

Il sait que nous prenons habituellement chacun une bière pression sans faux col et s'éloigne vers la caisse pour passer notre commande et la payer au barman qui s'y trouve.

Tout en discutant avec Bertrand qui se pavane, triomphant, je surveille Damien qui semble avoir des problèmes de monnaie à la caisse. Le barman nous avance les bières, Damien revient vers nous, la main pleine de monnaie, qu'il glisse directement dans la poche droite de Bertrand,

     - Tiens voila ta récompense du mois!

les pièces se répandent en claquements bruyants sur le parquet.

     - Je me doutais bien que tu avais décousu ta poche de pantalon neuf, tricheur!

Blanc comme un linge, Bertrand sort du bar sans toucher à sa bière ni ramasser ses pièces, on ne l'a jamais revu.

Printed in Great Britain
by Amazon

336de16b-c6d6-4e0f-8c2d-1d0403fd2f5cR01